A FILOSOFIA *da* EXCELÊNCIA:

estéticas da existência e autoconhecimento

PH — Teston

Literare Books
INTERNATIONAL
BRASIL · EUROPA · USA · JAPÃO

A FILOSOFIA *da* EXCELÊNCIA

estéticas da existência e autoconhecimento

PAULO HENRIQUE TESTON

A FILOSOFIA *da* EXCELÊNCIA

estéticas da existência e autoconhecimento

1ª EDIÇÃO

Presidente do conselho:
Maurício Sita

Presidente:
Alessandra Ksenhuck

Vice-presidentes:
Cláudia Pires e Julyana Rosa

Diretora de projetos:
Gleide Santos

Coordenadora editorial:
Amanda Moura

Assistentes editoriais:
Júlia Almeida e Lui Navarro

Design de capa, projeto gráfico e diagramação:
Matheus Gai Corseuil – @cor.seuil

Foto do autor na capa:
João Vicente Barichello

Revisão:
Letícia Pataquine

Impressão:
Printi

Dados Internacionais de Catalogação na Publicação (CIP)
(Câmara Brasileira do Livro, SP, Brasil)

Teston, Paulo Henrique
A filosofia da excelência : estéticas da existência e autoconhecimento / Paulo Henrique Teston. -- São Paulo : Literare Books International, 2024.

ISBN 978-65-5922-966-6

1. Autoconhecimento 2. Estética 3. Excelência 4. Existência (Filosofia) 5. Filosofia I. Título.

24-230834 CDD-100

Índices para catálogo sistemático:

1. Filosofia 100

Eliane de Freitas Leite - Bibliotecária - CRB 8/8415

Literare Books International.
Alameda dos Guatás, 102 – Saúde– São Paulo, SP.
CEP 04053-040
Fone: +55 (0**11) 2659-0968
site: www.literarebooks.com.br
e-mail: literare@literarebooks.com.br

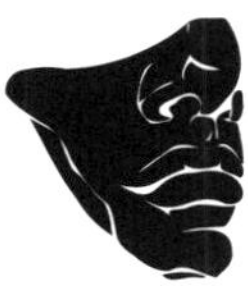

SUMÁRIO

→1

A busca pela arkhé: *o princípio e o fim de tudo*

Desde o início da humanidade o ser humano já se questionava ***"quem sou eu?"*** ou ainda, ***"quem somos nós?"***; Plotino já inquiria isso de maneira incisiva nas Enéadas. O que nós não poderíamos prever é o fato dessa pergunta ter criado o ***próprio motivo para ele existir***. Um questionamento que gerou angústia, que criou uma ansiedade sem igual; pois, afinal, ***quem é você?***

É algo inquietante pensar em uma questão como essa, porque você, ao se olhar em um espelho, consegue enxergar a si mesmo. Mas ao olhar por muito tempo para o espelho, isso pode lhe petrificar - olhar para a Medusa é olhar para si mesmo. Nossas leituras, assim como nossos escritos, são endoscopias, porque tendem a revelar o que, sem tais experiências, não seria possível de visualizarmos. O conhecimento é, portanto, um modo de revelarmos a nós mesmos *para* nós mesmos.

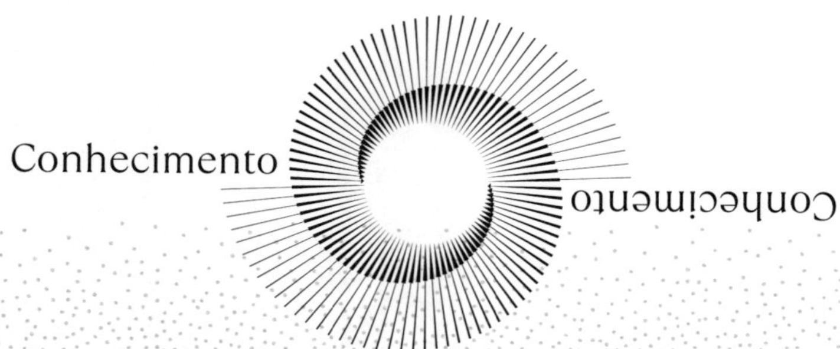

A virada que o conhecimento ocidental teve com Sócrates foi fundamental para pensarmos nessas questões. Mas antes disso, o que os primeiros pensadores buscavam? Esses primeiros pensadores procuravam a *arkhé*. E tudo que existe teria que ter um início na *arkhé* e um retorno para ela.

O que seria a arkhé?
A verdade do mundo. Algo que estivesse presente em tudo que existe.

Anaximandro é reconhecido por ser um dos pensadores a desenhar o que seria isso por meio do termo *ápeiron*.

Diversos autores se debruçaram sobre o que seria a *arkhé* e como seria possível explicar ela pelo *ápeiron*. Homero, um poeta épico, conhecido como autor da Ilíada e da Odisseia, utilizou o mesmo termo, *ápeiron*, para falar sobre o mar, dando a ideia não de algo simplesmente infinito, mas também vasto ou até desestruturado. Outros autores colocam as análises desse conceito como uma espécie de céu distante, anterior mesmo a Deus, que leva as coisas para fora do reino dos seres - as gera -, e depois as chama para a destruição.

Por meio da passagem em que Anaximandro descreve o *ápeiron*, Ovídio procura descrever o que poderia existir antes do universo, interpretando em uma chave poética, comum aos primeiros pensadores pré-socráticos, não somente o aspecto pleno e material do mundo, mas certa inquietude que conecta os homens.

A posição que o homem assume no mundo parece ser, desde o início, marcada por uma incognoscibilidade, por certa ambivalência que o coloca entre o infinito e o finito; por entre a adesão ao *ápeiron*, sua contingência total e temporalidade terrena. Para ilustrar, as coisas são colocadas em um equilíbrio muito parecido com o *yin-yang*.

Vale salientar que muito se especula sobre esse intercâmbio do oriente com o ocidente nessa época e nas subsequentes, por meio das rotas de comércio e dos viajantes que traziam escritos e/ou informações.

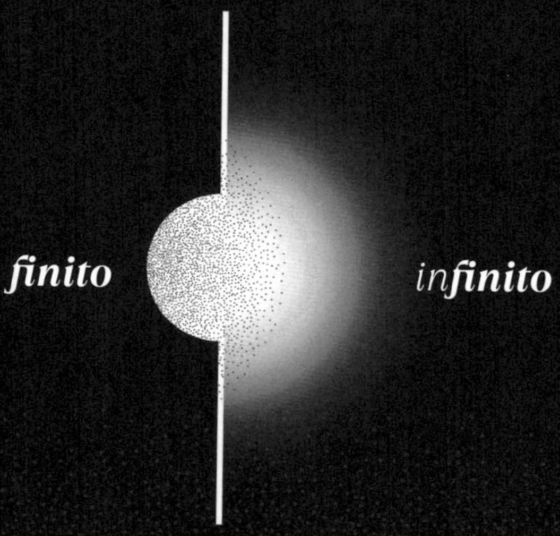

Ainda sobre esse pensamento, da busca pelo princípio, que tanto nos influenciou, trabalhando com as interpretações dos pré-socráticos, na tentativa de buscar um diálogo que se apresente como introdução pertinente para este escrito, em *Physics*, de Simplício da Cilícia, é possível alcançar anotações feitas nas quais ele expõe argumentos bons para o debate. Em Simplício, quando o filósofo Anaximandro, de Mileto, fala de seu *ápeiron*, é algo de difícil compreensão, quase como um enigma; todavia, tentando dissertar sobre o escrito, pode-se dizer, brevemente, que de onde surge tudo aquilo que existe ocorre a própria destruição desse "tudo" existente. E, nesse intervalo - da criação e da destruição - há o que as coisas devem ser, sendo isso um ciclo sem fim.

Nesta interpretação de Simplício da Cilícia, de certa forma, os opostos equilibram-se, sendo regenerados como seus contrários, é isso que mantém o equilíbrio. Os próprios fenômenos cíclicos são explicados como se regidos por uma lei - que escapa ao entendimento pleno do homem. O *ápeiron* é uma espécie de sucessão das coisas geradas, que não a separa de uma infinita repetida alternação das coisas geradas.

Então, podemos dizer que, no pensamento de Anaximandro, o nascimento das coisas ocorre não por alterações dos elementos, mas pela abnegação do oposto - **infinito** - por causa do movimento infinito, visto que o mundo é composto de opostos que lutam para tentar se dominar. Os mesmos fenômenos cíclicos são explicados como se governados por uma lei que escapa à plena compreensão do homem.

O ser e o universo fazem parte desses processos cíclicos que emergem e morrem e alternam entre o estático e o dinâmico que não se pode restringir. A firmeza é apenas aparente, nada mais que uma fase singular de um processo irrefreável. Essa concepção da natureza permeia o homem, sob a forma de consciência da matriz ambivalente de uma natureza que é matéria e, ao mesmo tempo, processo infinito. É como se encontrássemos um equilíbrio na desordem, que a aceleração dos acontecimentos fosse indispensável para se chegar ao resultado equilibrado. Um aumento de desordem pela busca da ordem.

Assim, o universo em equilíbrio corresponderia a uma sensação de equilíbrio cósmico em um inteiro processo caótico: entre os opostos há relações inevitáveis, entre unidade e multiplicidade; múltiplo e um; construção e destruição. Os opostos pagam uns aos outros por meio de compensação, essa é a ideia primordial do conceito de equilíbrio universal para regular os excessos. O *ápeiron* marca a busca do pensamento humano por aquilo que pode ser o princípio e o fim de tudo.

E isso é o resumo do que podemos chamar de busca do ser humano pela *arkhé*, por esse princípio das coisas; inúmeros pensadores pensaram e passaram pela história na busca por esse conhecimento. Anaximandro virou o pensador-chave para muitos físicos e filósofos posteriores. Por oferecer um terreno fértil para a imaginação, que é indispensável à ciência, ele sempre foi muito estudado pelos físicos ao longo da história, tendo, inclusive, inspirado a famigerada teoria do Big Bang. Schrodinger faz uma menção honrosa a Anaximandro, Anaxímenes e Tales por libertarem-se da superstição, não compactuarem com uma visão de mundo predeterminada pelo místico e seguirem a curiosidade, sendo essa a atitude fundamental da ciência até hoje. A força motriz da ciência é a troca da fé ingênua pela curiosidade inquietante.

Werner Heisenberg, um dos maiores físicos teóricos, atenta para a própria física nuclear ter surgido com os gregos, e diz que a física atual e a filosofia grega estão ligadas por pontes sólidas e entrelaçadas. Culminando no posicionamento de que o conhecimento histórico é, para o cientista, uma necessidade de trabalho e não mero *hobby*. Continua dizendo que não se trata de erudição, mas de pesquisa indispensável para a prática científica cotidiana. Um cientista não pode dominar completamente seu campo de estudo caso careça de formação filosófica e histórica.

A busca pela compreensão da natureza segue na mesma senda da busca da compreensão de si mesmo. O próprio problema do observador, na física, é, antes de ser qualquer outra coisa, uma jornada até o âmago do homem. Só podemos compreender o problema observacional se compreendermos quem somos nós, de onde surgem nossas ideias e o que nos afeta a subjetividade. Por isso a virada de chave da *arkhé* para o próprio homem é inevitável na história. Porque um não pode existir sem o outro. As ciências já nos provaram isso. Porque, por exemplo, à medida que a física anda, a neurociência consegue andar além e vice-versa.

Para esses físicos-filósofos, colocando nesse rol Einstein e Bohr, a ciência deve estar centrada em valores epistêmicos, porque a compreensão do mundo e do homem não é estratégia de mercado, necessidade humana básica ou uma arma. Compreender o mundo e o homem é lutar contra o niilismo, entender que a ciência é realizada por homens e mulheres de carne e osso; maleáveis subjetivamente que engendram uma mesma busca. Essa aproximação é visível nas neurociências com autores como Varela e António Damásio.

Voltando para a filosofia antiga, nós acompanhamos então uma severa mudança de direção, do princípio de tudo, entendemos que seria mais profícuo conhecer a nós mesmos para, assim, conseguir compreender de fato o que é o mundo, o universo e quem nós somos realmente.

Mas quando ocorreu a reviravolta para pensarmos nós mesmos? Visto que os pensadores pré-socráticos tinham, como ideia principal, a busca pelo princípio/fim de tudo. Essa mudança se dá de forma paulatina. O que a física entende, por exemplo, por um princípio da conservação, tem suas raízes no pensamento de Heráclito, de Éfeso, mas ele já havia começado a olhar o próprio homem com outros olhos. Então, pode-se encontrar resquícios desses primeiros pensamentos na obra heraclitiana, quando ele mesmo começa a dissertar sobre a força do *êthos*, que será comentado adiante, na mudança do eu.

→2

Estética, ética e moral: *nascimento da alta performance e o ser humano capaz de pensar sobre si e a partir de si*

Esse retorno a si mesmo é o movimento que transforma a história do pensamento. Não há o intuito de definir o que é conhecer a si mesmo, porque cairíamos em problemas conceituais que não são sequer importantes para o aperfeiçoamento de si - visto que cada ser é biologicamente único, não faz sentido querer uniformizar ou encontrar um método. A forma de conhecer, como conhecer, é o verdadeiro objetivo, respeitando a individualidade biológica e a subjetividade que a isso é inerente. O caminho que se passa na direção de si mesmo é o que nos importa.

Dito isso, por que Sócrates é tido como um dos principais - senão o principal - filósofo ocidental? Porque ele traz o problema da vida para o ser humano - a reviravolta do pensamento ocorre em Sócrates. Fugindo de uma metafísica que pudesse nos ludibriar, Sócrates diz que antes de querer compreender coisas distantes, precisamos olhar para nós mesmos. A melhor forma de conhecermos as coisas que estão além é compreendendo, portanto, aquilo que está próximo. Quem está mais perto do homem? O próprio homem.

Então, não há no pensamento socrático e em seus discípulos uma definição concisa sobre o que é o homem ou ainda quem somos nós. O que o pensador nos oferece, e que perpassa pela história, é que a vida filosófica é uma vida incerta, uma vida de inquirição. As indagações são as próprias ferramentas para lidar com a incerteza acerca daquilo que somos.

Todavia, antes mesmo da filosofia existir, o conhecimento - e o que esperávamos dele - era repassado por meio de diálogos e poemas. E foi assim que as primeiras grandes figuras do pensamento questionaram a morte, o homem e o que ele pode ou não ser. O homem como um ser potente/importante e, ao mesmo tempo, falível e mortal.

A questão da morte foi colocada com um pensamento: nós homens não éramos nada no começo - antes de nascer - e não seremos nada depois de morrer. Surgindo a ideia do homem como um lampejo entre abismos - isso é a visão humanista da vida. Mas qual a graça de ser um lampejo na eternidade? A busca.

Então, você deve estar se perguntando nesse momento; se a morte leva tanto o medíocre quanto o excelente, por que ler este livro? Porque, como diz Epicteto, filosofar é se preparar. Preparar-se para essa busca, considerar a vida como uma prova que você precisa estar preparado. Realizar o conjunto de exercícios do eu que estão à nossa disposição para lidar com aquilo que começamos a entender quando pensamos na vida: a vida é uma prova e assim sempre será. Como uma prova, nós não sabemos quais são os conhecimentos que serão determinantes para o sucesso/fracasso nesse teste. Mas a preparação é o que nós podemos controlar. O foco é naquilo que nós podemos controlar.

O mundo, portanto, é nosso objeto de conhecimento e ao mesmo tempo é essa prova; filosofar é se preparar para os acontecimentos que nos afetam, que nos encontram durante a vida. Percebemos isso muito cedo na história, pois, antes mesmo da própria filosofia, já tínhamos um sistema dominante do indivíduo para nos prepararmos para o viver. Esse sistema foi criado pelos primeiros agrupamentos, que posteriormente foram chamados de cidades ou *polis*.

No sistema dominante do indivíduo, que se chamava ética heroica, o homem é o ser que busca. Nunca alcançará o conhecimento perfeito, a justiça perfeita ou a verdade que não pode ser questionada; nunca! Mas esse mesmo ser, que nunca alcançará, está determinado a buscar. Porque o encontro de um homem se dá na procura por esse próprio homem. Só nos encontramos se estivermos buscando.

E pelo fato de podermos buscar, de sermos seres que buscam, isso nos torna infinitos, uma criatura capaz dos feitos mais magníficos, cuja única limitação é ser mortal - **somos deuses que morrem.**

Em um diálogo, no livro sexto, de Homero, Diomedes fica impressionado com a bravura de um guerreiro misterioso, que luta bravamente sem se cansar e exige saber sua identidade e o que o faz ser daquele jeito intrépido, destemido e diferente dos outros; eis que o guerreiro misterioso - que sugerem alguns historiadores ser Glauco - responde: "seja sempre excelente" (*aien aristeioi* ou *aien aristeuien*), agir com excelência para ser sempre seu melhor, por um grande período, para sempre. O que diferencia uma pessoa normal do grande guerreiro misterioso da Ilíada é sempre fazer o seu melhor, agir com excelência. Aqui nasce a alta performance. Algo simples que funda o que inúmeras pessoas hoje buscam sem cessar por entre cursos, networking, redes sociais e mais cursos: sempre fazer o seu melhor. Tudo pode se resumir a isso. Essa frase é a que permeia toda a ética heroica, de todos os grandes guerreiros da Ilíada: Aquiles, Odisseu, Glauco, Diomedes, dentre outros; todos buscam se destacar, fazer o seu melhor, agir com excelência. É o que diferencia o herói do não herói. Não é nenhum superpoder, nenhuma arma mágica. É talvez uma das armas mais simples possíveis e, ao mesmo tempo, uma das mais difíceis de se alcançar.

Apesar da fala não parecer trazer nada de novo, sua profundidade ecoa pela história. Algo simples, que em um primeiro momento e que, de fato, foi durante muito tempo, sequer digno de atenção, talvez pela dificuldade que tenhamos de aceitar que algo tão simples quanto o dia após dia pode mudar nosso inteiro ser e, consequentemente, nossa vida. O imediatismo com que nos foi apresentado o mundo, a hiperconectividade do cenário mundial, tudo isso contribui para não delegarmos à rotina e às pequenas coisas o patamar que elas deveriam ter em nosso rol de prioridades.

Por isso, esse resgate do pensamento greco-romano, o cotidiano desses povos, suas práticas, seu próprio sistema educacional nos interessa para nos dar uma dimensão do que é possível um ser humano fazer. Para o que ele deve se atentar para buscar a construção de si mesmo, bem como as relações com aquilo que nos circunda, sejam próximas ou não, porque é preciso compreender que dado o panorama atual civilizatório, nossa polis é o mundo. E em breve pode, inclusive, significar outros mundos. A carga que deve ser suportada pelo exemplo e por uma existência na excelência é ainda mais importante se pensarmos que a inspiração muda vidas, como em um efeito cascata sem fim, porque não se trata mais de uma geração; talvez a possibilidade de tudo ficar armazenado seja o que alguns pensadores chamaram de fim da história. Não há história para contar, há arquivos para visitar.

Retornando para o berço da excelência, todo o sistema educacional grego era fundado sob a premissa da ética heroica. O centro da ética heroica é o conceito de *areté*: coragem física, mental e moral que pode ser repassada; *areté*, por vezes, é traduzida como virtude ou excelência. É a educação do ser humano que o prepara para os grandes feitos. A ética heroica pode ser concebida como a imortalização poética dos heróis gregos que influenciaram as gerações subsequentes, contrapondo a ideia da excelência (*areté*) com a ideia de maldade/mediocridade (*kakía*). Entendendo que o esforço era condição para a *areté*, percebam que, para os grandes feitos, para a excelência, é preciso se esforçar. O sucesso depende de esforço - desde muito antes de existir qualquer coach ou guru no sentido moderno do termo, já era possível saber isso.

Estamos falando de um dos povos mais disciplinados que já floresceu em nossa história. Povo de pensadores e personagens que transformaram a história e que servem de inspiração até hoje para descobertas e modificações nos modos de vida de um sem-fim de pessoas; guerreiros que realizaram grandes feitos, personagens históricos que mudaram o rumo do que conhecemos hoje como humanidade.

Em um famoso diálogo de Plutarco, um espartano chamado Alexândrides é questionado, porque as pessoas de fora não entendiam, como eles, os espartanos, mesmo com muitas terras, riquezas e grandes territórios, delegavam aos hilotas o cultivo e o cuidado das terras. Eis que Alexândrides responde: "simplesmente para podermos nos ocupar com nós mesmos". Essa era a importância das estéticas da existência no início das civilizações; em uma cidade onde o povo era conhecido pela disciplina e pela alta performance que viviam enquanto indivíduos e comunidade, ocupar-se consigo mesmo era pré-requisito para a excelência e quanto mais tempo para isso, teoricamente, mais excelência poderia ser alcançada.

Hora para dormir, reuniões periódicas com o seu batalhão para estreitar os laços nas batalhas, hora para acordar, para comer. Não há evidência histórica que tenha encontrado relação do povo Espartano, por exemplo, com a palavra *melancholia*

que se tem a hipótese de ser a gênese da palavra depressão. À guisa de curiosidade, no estudo "Circadian rhythm disruption and mental health", isso se torna ainda mais latente - para entendermos a ligação da rotina com a saúde mental.

Vejam, o ciclo circadiano são manifestações internas do dia solar que permitem certas adaptações ambientais previsíveis sem interferir no funcionamento do organismo - um dia chuvoso, em que o sol pode não aparecer, nosso sistema pode dar conta disso por conta da evolução. Esse ciclo diário é controlado por mecanismos moleculares dentro de nosso sistema - os estudos apontam mais para o cérebro. É como se tivéssemos um relógio interno que transmite informações para nosso sistema acerca de como está indo o dia.

Nosso humor é severamente influenciado pelo nosso ciclo circadiano, perturbações como exposição à luz artificial ou *jet lag* podem aumentar sintomas em pessoas suscetíveis ou ainda desencadear problemas - **não fomos preparados evolutivamente para um jet lag.**

As evidências desse estudo sugerem uma forte ligação entre o ritmo de nosso relógio biológico e nossa saúde mental. Mudanças comportamentais simples parecem ter uma influência gigantesca no modo como conduzimos nosso dia - porque nossos humores e a nossa própria percepção são afetados se negligenciamos nosso ciclo circadiano. Por óbvio, isso tem toda uma influência por conta de hormônios, neurotransmissores e tudo aquilo que nos influencia no dia a dia. Enquanto seres humanos, nós somos seres metaestáveis.

Ou seja, vivemos uma ilusão de estabilidade, pois nos auto-organizamos em um sistema no qual a entropia só aumenta. Por isso que coisas como rotina, horário para dormir, para comer, tudo isso nos regula em um bom sentido para performar melhor, e qualquer desajuste nisso pode ocasionar problemas para o corpo reencontrar esse equilíbrio em um meio desequilibrado. Nossas interações com o meio, essas perturbações em nosso sistema, devem ser dirimidas - ou melhor, contidas - conforme pudermos no andejo do tempo. Coisas como as telas são extremamente novas em nossa história, por isso, obviamente que não conseguimos nos adaptar para regular nosso sono, por exemplo, junto a essa superexposição a telas.

Mas tudo isso se configura, ou ao menos aparenta se configurar, em um exercício hercúleo para lidar com aquilo que pode nos afetar no dia a dia. O homem dispõe de ferramentas - como a própria consciência - para lidar com essas perturbações, para questioná-las e nadar contra uma certa correnteza que é o convívio social. Por isso, cumpre seguir na seara daquilo que os gregos chamam de ética (***êthos***).

Existe, então, uma ética. Um modo de viver que se origina no pensamento "quem somos nós?" e começa, naquele momento, a ressoar, influenciando, assim, diversos pensadores que moldaram e continuam moldando até hoje nossa civilização, ou pelo menos a parte dela que corre atrás desse conhecimento.

Como Nietzsche disse: é preciso retornar para os gregos. Não importa o que fazemos, vamos retornar para os gregos. Esse pensador alemão, inspirado pelo conhecimento oriundo dos gregos, desenhou a sua resposta para a vida: responder como um artista com o que a vida nos dá. Não pela arte em si, porque arte pode ser um conceito mal interpretado. Mas na criação de modos de vida que ainda não existem, para alcançarmos o que ainda não foi alcançado.

Fugir do que se esperaria com base na função, de seu próprio meio é, para Nietzsche, ser de certa forma livre. É a exceção. Ele fala em medidas de liberdade, porque questiona o livre arbítrio. E conforme nós alcançamos essas medidas de liberdade - muito parecido com a ideia spinozana, inclusive - nós nos sentimos andarilhos sobre a terra; não seremos viajantes, pois não há destino. Observar com calma o que somos, o que acontece no mundo, as mudanças inerentes à própria existência, bem como a passagem de tudo aquilo que possa acontecer: eis o caminho para o pensador alemão.

Muito inspirado pelos gregos, ele tinha a certeza da incerteza. Nada como fixo. Ninguém nos educa para sermos assim, todavia é o que precisamos para nos aproximar de nós mesmos no pensamento nietzschiano. Andar sobre aquilo que nos foi colocado, ou foi tentado colocar, para erigir novos caminhos, novos possíveis. Mas o que é, então, a vida? Infelizmente, esta é uma pergunta infrutífera. Todavia, nós temos a existência para responder essa pergunta.

A nossa própria existência é a resposta para a vida. É o que nos liberta enquanto seres humanos; Nietzsche ainda fazia uma analogia com a dança. Há forma correta de dançar? Não. Assim como não há forma correta de viver. Somos os criadores. A arte da vida consiste em viver; e esse conhecimento é derivado de quem? Sim, dos gregos.

Todavia é preciso aprender a viver. É preciso aprender a conhecer a si mesmo, é preciso aprender a cuidar de si mesmo e é preciso aprender a transformar a própria existência em uma obra de arte – ou seja, em algo único que possa inspirar. Não se trata de conhecer os segredos do mundo e da natureza, mas do próprio homem; esse foi um dos, senão o mais, nobres objetivos da nossa história desde que Sócrates colocou a ideia da ***arkhé*** em um segundo plano e nos entregou o maior legado possível: o do conhecimento de si.

E é aqui que entra esse escrito. Um guia que não pretende lhe guiar; que segue na senda do conhecimento de si mesmo. A resposta que você procurava para entender o que é a vida e o que você deve fazer dela; e ainda, como podemos ser cada vez melhores. Antes de prosseguir, prometa-me que você vai entender: isso não é fácil e nunca será e talvez exatamente por isso a vida tenha essa beleza – somos os criadores dela.

Você nunca irá alcançar a plenitude, a perfeição, do que você começará a orquestrar com o conhecimento de si; mas isso serve para que nunca abandonemos a caminhada. Ser incompleto é ser infinito. Levantamos da cama porque temos algo para buscar. Se completos fôssemos não haveria sequer razão para viver. O homem é, então, uma potência infinita que não se pode arvorar na existência de outro homem, pois aquele e esse são únicos. A mediocridade com que a maioria vive é um problema maior que a própria desigualdade; o ser humano precisa se reconciliar com a ideia de grandeza. O aproveitar a vida – uma vida hedônica – que lhe venderam talvez seja apenas uma fórmula para ser despretensioso em relação ao futuro e a imediatidade com que buscamos o prazer e a felicidade. Como se isso pudesse chegar sem preparo, sem construção, e nisso os gurus tomam à força nossos cérebros, prometem nos tirar de um barco que afunda sendo que foram eles que tiraram as madeiras que fizeram o barco começar a afundar.

Diferenciar a excelência da mediocridade só é possível quando você provar de ambas. Você não sabe, da mesma forma, diferenciar o conhecimento da ignorância. Provar do conhecimento e da excelência exige um grande esforço, aceitar que a chance de falhar aumenta exponencialmente: expor-se à falha é condição para o sucesso. E tudo isso é penoso. Abdicação e dureza consigo se adquirem por um preço alto.

As estéticas da existência foram fundadas tendo isso em vista, essa dificuldade de começar a percorrer um caminho em que a solidão é o primeiro presente que você irá receber, porque nesse caminho ninguém poderá andar por ti. Seja você o rei ou o plebeu, ninguém moverá tuas pernas, ninguém partilhará contigo o que você pensa de fato. Pensamentos são seus, as palavras são suas. O caminho para a excelência é único para cada homem que pisou na terra.

Mas, enfim, o que é uma estética?

O conceito de estética é consideravelmente antigo dentro do pensamento humano. Todavia, o estudo dele é tido como relativamente novo levando-se em conta as pesquisas no pensamento dentro dos moldes propostos na ciência hodierna. Portanto, do modo como são feitas, hoje, as meditações do pensar, pode-se afirmar que uma conceituação de estética tem sua origem no empirismo moderno.

Sendo assim, a estética é uma experiência do belo, uma percepção. Experiência da beleza enquanto tal; contemplando também quais são as atitudes apresentadas como experienciações desse belo. À guisa de curiosidade, Alexander Baumgarten escreveu um tratado sobre o termo *aesthetica*.

Cumpre esclarecer que esse conceito, *aesthetica*, caminhava para um entendimento das questões da epistemologia do conhecimento da estética. O pensador Baumgarten seguiu determinadas linhas de pensadores vistos como racionais; Leibniz e Descartes estavam entre eles.

Basicamente, o pensador que cunhou o termo chegou à conclusão de que, nas formas de conhecer, havia dois tipos: um conhecer que se dava pelos sentidos presentes no homem e outro que surgia por meio da lógica e da razão presentes no intelecto humano. *Ästhetisch*, então, era o termo que Alexander Baumgarten utilizava, e seu início é, academicamente falando, recente: século XVIII.

Isso é um pouco diverso do que encontramos na Grécia e na origem da palavra estética. O período greco-romano foi todo influenciado pela ética heroica e esse período que o conhecimento era repassado por poemas e diálogos. Todavia, na Antiguidade greco-romana, a filosofia surgiu e, nesse mesmo período, as estéticas da existência ganharam sua primeira forma, elas começaram a possibilitar os indivíduos realizar feitos em seus corpos, em seu conhecimento, em suas condutas, em seus pensamentos e em suas reações perante a sua relação com o mundo.

As raízes etimológicas da palavra estética direcionam-se para a Grécia. Estética provém do grego *aisthetikos*, com significado de sensível ou ainda percepção. Também há a palavra *aisthanesthai* com o sentido de perceber - pelos sentidos ou, ainda pela capacidade mental - apresentando a variação *aisthêsis*. Seguindo, o termo pode, também, ter raízes na capacidade de percepção, com termos como *aisthêtikos* - ser capaz de perceber, ou *aisthêtikon* - a própria capacidade. A investigação acerca das estéticas de existência teve um grande crescimento nas últimas décadas.

Por conseguinte, estético é aquilo que, no sentido de *aisthesis*, produz modos de vida na conjunção de prática e pensamento - modos de agir, de apresentar-se ao mundo. À medida que ocorre a autodeterminação, é inevitável que os modos de vida também se produzam de diferentes formas. Conceito vinculado fortemente à percepção ou sensibilidade. O que nos sensibiliza os sentidos é algo estético. E o que nos sensibiliza, de algum modo, muda o que somos; muda nossa subjetividade.

→ 3

Mas o que é subjetividade?

Aristóteles algumas vezes colocava a palavra *ousia* e *hypokeimenon* no mesmo rol para designar o que é o sujeito e sua subjetividade. Esses conceitos devem ter se perdido pela quantidade de traduções realizadas nos trabalhos aristotélicos. Ainda que as palavras em grego sejam *ousia* e *hypokeimenon*, prevalece em ambos o sentido de fundamento. A subjetividade é, na história, o fundamento do ser.

O substrato do sujeito, seu fundamento, é o predicado último do ser, substrato do qual derivam todas as outras coisas nesse sujeito. No capítulo quinto das Categorias do *Organon*, Aristóteles diz que é o que nos torna individual. A palavra substância, no latim (*sub stare, qhod sub stat*), apresenta uma ideia de suporte, estabilidade, o que está por baixo, a base da realidade e do que é real. Aquilo que sustenta o restante; um alicerce que está por baixo de tudo aquilo que o ser puder ser.

No livro VII da Metafísica, Aristóteles diz que a substância, essa subjetividade, é anterior a tudo. Não é sustentada por outra coisa, sustenta tudo o que vem, mas não é sustentada por nada - aqui o pensador grego joga para a metafísica, todavia ainda menos metafísica que os essencialistas. Então, o processo de criação dessa subjetividade, de subjetivação, é tudo aquilo que se inscreve no ser depois que ele passa a ter contato com o mundo. Nada se cria antes da subjetividade, o primeiro contato com o mundo, seja ele qual for, será inscrito em cima dessa subjetividade e a partir dela.

Existem implicações práticas daquilo que não concebemos, não procuramos, mas que de uma maneira ou de outra se inscrevem em nossa subjetividade pelo simples fato de existirmos. Krishnamurti observava que ser é estar "em relação a". Se estamos vivos, estamos em relação com algo. O meio que nos circunda, de uma maneira ou outra, perturba nosso ser.

Então, esse contato com o mundo não precisa ser, necessariamente, procurado de maneira ativa. Um artigo de 2022, "Transition from simple to complex contagion in collective decision-making", demonstra exatamente como nós somos severamente influenciados por aquilo que nos acontece; ou melhor, com aquilo que temos contato com algum dos nossos sentidos. Existe uma influência, um contágio, que o meio social - ambiente - nos orquestra a partir do momento que fazemos dele parte. Maturana e Varela iriam chamar isso de perturbação, tudo que nos perturba afeta nossos sentidos, se inscreve em nossa subjetividade, ainda que não se possa perceber exatamente o que isso significa ou o que isso pode resultar.

Nossa subjetividade é afetada; aquilo que nós vivemos/experienciamos se inscreve em nossa subjetividade e essa subjetividade ordena nosso processo de tomada de decisão, por exemplo. Subjetividade é algo que não podemos abrir mão, porque constitui o que somos. Tudo aquilo que nos ocorre, que sentimos, que de algum modo chega até nós, se inscreve nela. Se inscreve em nosso inteiro ser - porque nós somos ela, ainda que não possamos reduzir ela a tudo - porque não sabemos o que é tudo e jamais poderemos saber - ou seja, não reduzimos o que somos à subjetividade; todavia, ela é aquilo que nos constitui enquanto únicos.

Pensamos, falamos e existimos de maneira única porque o encadeamento dos acontecimentos que chegam até nossas percepções é absolutamente impossível de ser replicado. Desde o ventre de nossas mães, nossas percepções são afetadas; os nervos que percorrem nosso corpo ainda em formação já fazem a leitura do ambiente que nos circunda e assim permanece até o fim derradeiro da vida.

Engraçado pensar que aquilo que nos constitui como únicos também é o principal fator que nos faz agir como os outros quando nós somos contaminados pelo ambiente que nos cerca. Sêneca já alertava para o demérito em não tomar as rédeas da própria existência, dizendo que a infelicidade não está em ir a alguma direção, mas sim em ser levado até lá. Como se chegássemos a um determinado lugar, em meio a uma série de acontecimentos, e nos perguntássemos: "como chegamos até aqui?". Ser arrastado é indigno porque só o ignorante é levado - nas palavras dos gregos, aquele que não pondera, que não exercita o conhecimento. É preciso analisar o conhecimento, é preciso conhecer a si mesmo para tomar, em partes - porque totalmente nunca será possível -, as supramencionadas rédeas.

Vejam o que Sêneca, o supracitado pensador estoico, já nos advertia, também, sobre o ambiente: que não seremos capazes de lidar com a crueldade, se convivermos com torturadores, por exemplo. Dizia com clareza que, se nosso objetivo fosse nos livrar dos vícios, deveríamos viver longe do exemplo dos viciados. Isso mostra que podemos perder as rédeas da própria existência pelos outros, por isso a vigia constante na própria existência se faz pertinente.

Percebe-se a dureza do filósofo estoico com a vida, ele enxerga como desperdício uma vida eivada de mediocridade; todavia, a vida que ele sugere é uma vida em que nós mesmos nos colocamos sob vigia a todo momento. E isso é um tanto quanto incômodo.

É comum cair na armadilha de que assumir o controle da própria existência é algo quase poético. Quando, na verdade, ele é difícil; extremamente difícil. Assumir o controle implica ter responsabilidade pelos próprios atos. Como do aluno aprovado/reprovado, por exemplo. Se o aluno é aprovado, ele passou na matéria; se o aluno reprova, o professor o reprovou. Nós comumente, no dia a dia, afastamos a responsabilidade por aquilo que acontece conosco; a parte ruim nós deixamos, quase que inconscientemente, para o outro. Como uma defesa de que não erramos, não podemos errar, não fracassamos ou algo do gênero. Talvez pelo medo, talvez pelo orgulho/vaidade. Mas isso nos afasta cada vez mais de nós mesmos.

No escrito *As Leis*, de Platão, um personagem ateniense julga a educação ser indigna se visar apenas vigor físico ou trabalho. Por quê? Porque o personagem descobre que as disposições do homem são inúmeras; ou seja, o homem é multifacetado, e cada uma de suas facetas deve ser aprimorada. Dentro de uma perspectiva de que aquilo que somos é uma das artes mais úteis que podem existir para um homem e para a comunidade de que ele faz parte, salienta-se que hoje, por conta da hiperconectividade, nossa comunidade é o mundo.

Nesse escrito, o personagem termina seu raciocínio dizendo que os cargos mais importantes da sociedade deveriam ser conferidos a esses indivíduos que buscaram o domínio sobre si mesmos, mediante um intenso esforço – vejam como o personagem reconhece a dificuldade de se alcançar determinados patamares dentro do trabalho de si. E no decorrer do livro, o personagem começa a se preocupar mais porque ele se questiona se cada um é o todo ou se faz parte do todo.

Esse pensamento do personagem se dá porque o mundo, em si, está em devir. É incerto. As sensações que advêm desse mundo, tais como aquilo que podemos entender como futuro, são variáveis. Sendo as sensações maleáveis, o conhecimento que aparece nesse mundo também é. É possível ter tantas verdades quanto subjetividades; a conta de verdades e subjetividades é exatamente igual, e apenas consideramos o plano de ação do homem. Coisas como verdadeiro ou falso, bom ou mau, não são universais; os indivíduos são a própria medida do bem e da verdade. Então, por isso, o ser humano deve se ocupar com aquilo que ele consegue, de fato, estar cônscio: ele mesmo.

A própria prova da verdade não se dá, então, por argumentos, se dá pela existência, se dá pelo ser; Sócrates prova existir a justiça quando morre injustamente. Sua mulher, Xantipa, o questiona enquanto o levam: "você não percebe que sua morte é injusta?", eis que ele responde: "você prefere que ela seja justa?". A entrega da vida para a injustiça, em nome da existência do justo, é o que prova que pode haver ambos. Qual o lugar? Na subjetividade de Sócrates, é a vida que prova a existência da justiça e não uma argumentação qualquer.

Ou seja, é a vida de um homem que prova sua excelência e não o que ele diz.

Tudo que pode ser interpretado, pode ser questionado. Mas o que é provado pela vida não esmorece, porque o significado da existência é a própria existência. Por isso, o trabalho último do homem – e o mais profícuo – é sobre si mesmo.

Por isso, sempre faz sentido lembrar que o conhecimento tem mais afinidade com o próprio ser do que com o mundo que ele quer descobrir. Porque o conhecimento parte de nós, o conhecimento é subjetivo, ainda que ocorra a partir de um consenso - como a ciência.

Nunca saberemos na totalidade aquilo que nos influencia, mas é preciso procurar conhecer para dirimir o que a ignorância disso pode causar - quanto mais ignorante acerca das causas que nos fazem pensar de determinada forma, menos livres -, mas voltaremos a isso posteriormente. Heráclito faz uma analogia sobre isso, das crianças com os piolhos, dizendo que os conhecimentos, as percepções que carregamos conosco, são como os piolhos que tiram das crianças, todavia há outros que ainda não foram pegos e esses, por sua vez, continuam sendo piolhos que as crianças trazem consigo. Há conhecimentos, partes de nossa subjetividade, que não conseguimos trazer para a consciência, mas que ainda nos influenciam.

E esse conhecimento que detemos para as coisas da vida, parte de nós mesmos: o homem é praticamente um etiquetador. Uma árvore não é uma árvore; árvore é o nome que damos à determinado objeto/coisa. Não é natural da natureza ser desvelada, essa é a forma do homem conhecer e apenas dele.

O conhecimento funda uma *matrix*. Como dito, na ciência, a verdade é um consenso. Esse consenso é sempre convidado a se desintegrar na medida em que surgem novas evidências. Vide a virada que a física tomou quando descobriu o problema do observador. Quando percebeu que nossos olhos para as partículas pouco queriam dizer sobre as partículas: eis um dos grandes achados de Heisenberg.

A ciência nos permite colocar a etiqueta em algo, do que algo é, dentro de determinado consenso; conhecer é um processo intrínseco que constitui o exterior na medida em que se projeta naquilo que conhecemos, criamos e fazemos. O que o sujeito é permeia o ser, e, consequentemente, o ambiente; porque somos seres relacionais. Ou seja, há sempre subjetividade no conhecimento, por isso que, quando voltamos os olhos para dentro de nós mesmos, é possível conhecer o mundo fora. Não é possível encontrar um lugar no mundo onde a subjetividade não se encaixe, onde não há a força do subjetivo.

A subjetividade não é metafísica, ela pertence ao mundo, é imanente. Por isso que desvendar a si mesmo, conhecer a si mesmo, cuidar de si mesmo, é desvendar, conhecer e cuidar do mundo. O mundo é feito do subjetivo. Nós conhecemos o mundo porque existe subjetividade.

Se em cada ser existem multidões de significados e significâncias, conceber o que é a subjetividade e como podemos dirimir os problemas que dela resultam é, sem dúvida, fundamental para os exercícios de si. O mundo criado é versão de quem o criou. Quando pensamos em subjetividade e o que podemos fazer para mudar a nós mesmos, o homem parece ser mais responsável pelo seu mundo do que ele pensa que é.

→4

Estética e construção do ser: *como podemos nos conhecer?*

Nietzsche deixa clara a importância da estética nas decisões que o homem toma quando ele tem a possibilidade de escolher entre uma coisa e outra. Os julgamentos do homem são essencialmente estéticos: o que agrada e o que desagrada, o que repugna e o que apetece. Essas são – como diz o pensador alemão – fundamentações da tábua dos bens.

Desse modo, é por isso que a potência de agir, presente na autodeterminação, conduz à estética de uma ética, ou seja, da existência do ser. Nietzsche mesmo afirma a preocupação com o fenômeno estético, quando a conecta com a existência; explicando que apenas com a estética é que pode haver uma justificação para a existência e o universo.

Constantemente, a afirmativa de Friedrich Nietzsche, que aqui é utilizada, comporta a realidade de que uma possibilidade estética é a constituição plena de um modo de vida produzido pelas exigências éticas, diante da possibilidade de uma autodeterminação vinda de diferentes searas, de diferentes experiências, levando em conta a subjetividade e a ideia de que mesmo um gêmeo nunca será igual ao outro na dimensão subjetiva.

O próprio conhecer tem uma forte dimensão esteticista. A própria construção dele é como uma organização de metáforas que implicam no relacional, na forma como nos relacionamos com o mundo, na forma da autodeterminação e, sem dúvida, isso é, também, uma armadilha – para deixar claro mais uma vez que é aqui, na fuga do Prometeu condenado por Zeus, que entra a liberdade spinozana como ferramenta, por exemplo. Prometeu rouba o fogo dos deuses para dar aos homens a liberdade. A mitologia é aqui utilizada para mostrar que alcançar a medida de liberdade – como Spinoza preleciona – é alcançar esse fogo roubado por Prometeu.

Sendo assim, a esteticidade do conhecer percorre caminhos novos a todo instante, transposição de conceitos, novos territórios a serem desvendados; uma ânsia que perturba o mundo dado ao homem, um mundo que é irregular, sofrendo de incoerências; a ânsia (des)virtua porque carrega o estímulo de uma produção, como diria o filósofo do martelo. Ou seja, a angústia que sentimos do mundo é essencial para o próprio processo de criação de nós mesmos e, consequentemente, do mundo que nos cerca.

Perceba que a moral, em sentido nietzschiano, é capaz de dar voz ao perigo das influências externas. Dos encontros que reduzem a dimensão criativa da existência. Negações de vida, instintos de autoaniquilamento. Enfraquecimento diante das possibilidades e das potências. Em Nietzsche, é o começo do fim - designado como o maior dos perigos existentes.

Quem cria a moral? A cultura. **Não se trata de certo ou errado, mas sim de questionar o que nos colocaram goela abaixo como sendo o modo de vida mais correto** - tudo deve ser passível de questionamento; se nos encontrarmos em uma época de muita ansiedade, foi porque a criamos.

Enfim, essa é a figura que o filósofo alemão prega à moral. Portanto, a moral é impensável do ponto de vista de um mundo para além do bem e do mal, bem como é importante deixar claro que enfrentar a moral não é escolha, pois todos, de uma forma ou outra, a enfrentam. Salientando, inclusive, que é alvo principal de seu profeta Zaratustra. Moral e cultura são construções das quais nós participamos sem que haja escolha de participar ou não.

Isso é tão forte que, mesmo na moral relativa a um imperador, como foi Marco Aurélio, deve ser revisada com cuidado, tomada com cuidado: ele tinha claro que o principado, o império, era algo secundário; a finalidade da existência do imperador dos imperadores não é ser o comandante, é ser ele mesmo. E é somente na medida que ele realizar a preocupação consigo mesmo, que realizar seus deveres enquanto pensador, indivíduo, ou seja, o trabalho em si, que ele poderá realizar com esmero as suas incumbências como imperador.

Qual o objetivo, portanto, de um imperador? Para Marco Aurélio é cuidar dele próprio, ele é seu objetivo, porque é no cuidado de si, no esforço da direção de si mesmo que o imperador será capaz de fazer o bem para os outros. Cuidar de si é cuidar dos outros. Não questionar a moral, não pensar acerca daquilo que a cultura e a moral nos impõem é ser um escravo - a busca pelo hedonismo desenfreado é, hoje, a moral de um escravo.

Nesse sentido, um filósofo pouco conhecido do século I, Musonius Rufus, nos diz que é preciso se cuidar sem cessar se quisermos viver de maneira salutar; gravem isso durante toda a leitura: ocupar-se consigo mesmo não é uma preparação momentânea ou pontual; é a própria vida, é a forma de viver. Estar atento diante daquilo que nos é imposto, preocupar-se com aquilo que nos influencia dia após dia. Você se preparou para viver, ainda que não quisesse se preparar, mas se preparou da maneira errada - perambulando pela vida, talvez. Um mal que lhe assombre pode ser fruto desse (des)preparo.

Por que precisamos nos preparar tanto?

Pelo sentido que Aristóteles, de olhos nas estéticas da existência, deu para a excelência, para as virtudes, para a felicidade: felicidade é o exercício da virtude, entendendo a virtude como excelência e a excelência como hábito. Tentando deixar mais claro: você não aprende a ser excelente fazendo um curso de excelência. Você não aprende a felicidade comprando o e-book "Seja feliz" ou o "Seja foda". Não há *workshop* no mundo que lhe ensine a ser disciplinado. Quanto mais prática na leitura, por exemplo, melhor leitor você será. Só é feliz, virtuoso, quem explora seu máximo dia após dia -, e excelente se fizer disso uma prática diária. Curioso as neurociências colocarem a rotina como fator fundamental da alta performance e Aristóteles ter escrito isso há mais de 2.000 anos.

Um artigo de 2015, que pode soar parecido com o visto anteriormente, "The Impact of Sleep and Circadian Disturbance on Hormones and Metabolism", ilustra o quanto nós somos impactados pela rotina no funcionamento do nosso corpo como um todo, mas de uma maneira ainda mais agressiva que a anterior - isso nos serve para ter uma dimensão do que a bagunça em nós mesmos pode nos causar.

Hormônios, como o hormônio do crescimento, melatonina, cortisol, leptina e grelina, estão intimamente associados ao sono e ao ciclo circadiano. Perturbação circadiana afeta negativamente a saúde devido ao comprometimento da homeostase de diversas substâncias que são essenciais para os hormônios; a ocorrência da síndrome metabólica pode ser piorada se a rotina for quebrada, bem como o funcionamento dos genes-relógio.

Isso corrobora que não há excelência fora da prática - é impossível ser excelente estando, em si mesmo, uma bagunça. O conhecimento de si, o cuidado de si e a arte de viver são práticas. A natureza não dá saltos. Você não age com excelência de um dia para o outro, você perturba o próprio sistema em prol de um porvir que seja parecido com aquilo que você está executando no cotidiano. Quanto melhor você executar teus atos diários, quanto mais resistir à procrastinação, por exemplo, menos procrastinador você será.

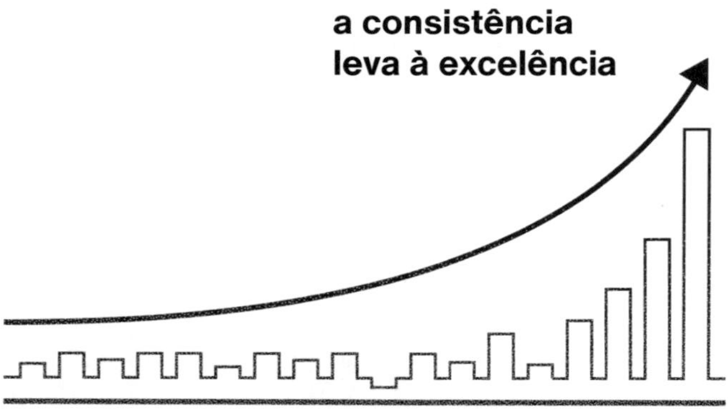

→5

De onde surgiu o interesse pelas estéticas da existência no *pensamento atual?*

Somos treináveis para tudo e isso é uma das coisas mais fantásticas que podemos descobrir, Epicteto deixa isso claro quando dá o conselho para não sermos irascíveis. Ele diz que ele mesmo tinha o hábito de ficar furioso todos os dias, depois diz que treinou para ficar a cada dois, a cada três, e assim por diante – mais uma vez, o treinamento aparece como exercício fundamental da conquista de algo no campo de si mesmo.

Mas essa aproximação no pensamento atual, de uma ética com uma estética de existência, como começou? Em nosso universo científico, quem deu uma grande contribuição foi, mais uma vez, Friedrich Nietzsche – considerando as marteladas que o pensador relega à moral já comentadas. Entretanto, se tornaria muito mais difícil conceber Nietzsche sem os estudos do pensador francês Michel Foucault.

Nietzsche e Foucault foram cruciais – no começo do século XX e no final dele, respectivamente – para pensar certas crises de seus anos. Nos anos em que o pensador alemão criticou profundamente o pensamento da moral, ele proclamou a morte de Deus, o que é, para pensadores, como Maurice Blanchot, um evento que marca a história.

Portanto, Friedrich Nietzsche declara a morte de Deus no aforismo 125 de seu trabalho intitulado *A Gaia Ciência*, que não tem a ver com uma forma de ateísmo – mas sim um perecimento da metafísica, dos sentidos metafísicos, perda de ligações com quaisquer reais suprassensíveis. Um louco na rua que procura incessantemente seu Deus.

Onde alguns caçoavam do pobre louco que realizava a busca. Eis que ele salta no meio de todos que o zombavam e grita que foram eles e o próprio louco que mataram Deus –

os assassinos de Deus são todos os que existem, e pergunta, inclusive, o que há depois do assassinato divino.

O mesmo louco continua questionando, arguindo se há local para consolação. Se existe, ainda, meio de uma purificação. O louco olha para todos, arremessa o candeeiro e diz que talvez tenha chegado cedo demais - terminando por uma pergunta retórica, na qual explicita as igrejas enquanto covas e túmulos da divindade. Então, esse é o momento em que a moralidade identificada enquanto base dos valores é escavada e, assim sendo, apresenta suas rachaduras - bem como conceitos de verdade e conhecimento desde a origem da ciência. A adoração passa para outros campos, como ciência, de nações e até de raças - fanatismos.

Todavia, aqui, a importância é constatar como foi fulcral para o surgimento de novas formas de pensar o ser. Talvez nem tão novas, como estuda Michel Foucault, buscando nos modos de pensar da Antiguidade, alternativas para o que se vive ou vivia - isso ocorre diante das perscrutações acerca do ser. Nietzsche e Foucault iniciam uma recuperação da visão humanista da vida que os gregos iniciaram - por isso o apreço deles pelo pensamento grego.

Desse modo, a similitude dos pensadores fica por conta das articulações éticas e estéticas que eles empreendem em seus respectivos estudos. Eles comprovaram como as aplicações éticas - de exercício - às estéticas de existência podem ser uma resposta sadia contra as crises culturais - diante das próprias culturas - que, de fato, sempre estão em devir, em transformação.

No final dos anos 1960, Foucault pensa em uma morte do homem, não do ser, apenas do homem. O jovem Nietzsche experimentou os horrores e a brutalidade da guerra franco-prussiana; Foucault viveu o drama da ocupação nazista na França, as guerras coloniais e as invasões em guerras, como a do Vietnam.

Foram derrotas sofridas pelo próprio homem, enquanto ser direcionado para um fim de bondade, harmonia e convivência, que permitiram pensar multiplicidades de estéticas de existência e uma visão asceta encarando a filosofia grega e parte também da romana. Esse retorno só foi pensado porque, em algum momento, tais pensadores pensaram que teríamos desviado do caminho, mas era preciso voltar à estrada, que foi deixada em meio a um universo de ignorância e despreocupação em relação ao próprio homem e suas condutas; talvez tenhamos deixado de vigiar a própria existência por arrogância.

A crise que Michel Foucault relata em *The Order of Things* quando diz, no final, que a face do homem iria desaparecer como um desenho na areia à margem das ondas, é algo inquietante. O ressurgimento da notoriedade das estéticas é, então, graças às trágicas - no sentido de seriedade e dignidade - análises suscitadas pelo ser humano.

Portanto, os modos trágicos, pelos quais foram encarados os horrores de que o ser seria capaz, organizaram o pensamento direcionado à estética de existência e ao ascetismo. Ambas as significações, de Nietzsche com o seu além-do-homem e Foucault com conceitos como o cuidado de si - resgatando a segunda estética -, buscam algo particular. Isso significa a importância, ou melhor, a excelência do ato de constituir uma vida. Vida que não é constrangida; se é dada a oportunidade, que seja uma vida diferente da vida constrangida e amarrada pelas amarras de algo exterior. Constituir uma vida que seria o máximo possível do ser que a constitui - trabalhada por esse ser.

Basicamente, em Nietzsche, constituir a vida é a conhecer, saber sobre si mesmo é possibilidade, gerar possibilidades. Disposição para o futuro é a categoria central dos pensamentos nietzschenianos. Pensando a própria superação de si mesmo enquanto exercício básico de vida, da vida enquanto ela mesma.

Isso significa dizer que as preocupações do direcionamento do ser foram as principais motivações para que se começasse a pensar os exercícios de si mesmo; o ideal ascético e o que dele advém. As possibilidades de um vir-a-ser direcionado para a vida e presente no homem.

Apenas para elucidar, essa crítica do sujeito moral kantiano que Nietzsche faz emergir se dá por vários motivos, dentre eles o mais importante é o contrassenso de uma moral vinculada às pretensões religiosas e racionalistas que pairam sobre a sociedade - visto que, para Nietzsche, isso era incompatível. Essa tentativa forçada teria gerado um mal-estar civilizatório pela grande confusão entre divino e humano.

Voltando para Foucault, para entendermos de onde surgiu o interesse pelas estéticas da existência, a partir de 1978 pode ser observado um interesse maior do pensador acerca da constituição do sujeito - ainda que esse foi o principal tema das pesquisas do autor, ele antes perquiriu sobre as noções de verdade, governo e poder - e isso gerou uma inquietação acerca do futuro do homem enquanto indivíduo imbricado em um modelo socioeconômico.

Quando, um pouco antes, Foucault estudou o poder, o pensador francês pensou que, se existem novas formas de poder (microfísicas, por exemplo), devem existir novas formas de resistência - resistência a uma forma microfísica de poder que nos afeta, ainda que não possamos entender como e o quanto. Esse pensamento, aliado ao projeto inacabado da História da Sexualidade, o fez procurar um novo caminho.

Foi então que, em 1982, ele ministrou o curso "A Hermenêutica do Sujeito", no Collège de France. Um divisor de águas no pensamento dele, e o novo caminho foi pensar o processo de subjetivação. Um pensador que sempre quis entender a verdade, o governo, o governo de si e o poder que há no entre das relações, articulando a questão política com a questão da ética.

Quando colocou os olhos na Antiguidade greco-romana, Foucault percebeu uma falta de sentido na obediência de um sistema de regras; sendo que a busca por uma estética da existência, ou seja, a criação de si mesmo por meio de técnicas de si, sem serem predeterminadas ou oriundas de um poder legislativo e/ou mecanismo, era uma prática voluntária e essa busca, então, se situava em um patamar diferente de outros pensamentos. A voracidade na procura por uma vida bela, a constituição da vida como obra de arte; ser artesão da própria existência. Ninguém era obrigado a conduzir a vida de uma maneira a extrair o melhor de si mesmo, a vigiar a si mesmo e a pensar a si mesmo enquanto uma potência para agora e para o futuro da própria humanidade.

Sendo assim, o retorno do pensamento de Michel Foucault à Grécia teve como principais motivações a falência da moral – enquanto ideia de obediência a códigos e costumes – e o vislumbre, diante disso, da necessidade de estéticas de existência. Basicamente, esses foram os principais motivos. A moral que dita, por exemplo, que o ser descolado é o que se rende aos vícios ou ainda que pensa a vida como deleite eterno. A visão hedônica da vida, visão essa que o próprio Foucault tinha um apreço, aparece como aquilo que se esvai quanto mais se adentra na seara das estéticas da existência. Ocorre aqui o que aconteceu com São Tomás de Aquino quando tentou catequizar o pensamento aristotélico: foi catequizado por ele. Foucault, dessa forma, foi catequizado pelo pensamento grego.

Percebendo isso, Pierre Hadot fez uma crítica a Foucault, dizendo que ele tenta apresentar para o mundo a ética do mundo greco-romano como uma ética do prazer que se obtém em si mesmo, como na carta em que Sêneca diz que encontramos a alegria em nós mesmos, na melhor parte de nós. Hadot prontamente adverte que Foucault não foi fiel ao traduzir Sêneca. Até porque prazer e alegria para os gregos são coisas muito diversas. A felicidade sempre foi vista como exercício das virtudes - desde antes da filosofia existir, nos poemas da ética heroica e se estende até em Aristóteles e, depois, nos últimos estoicos.

De fato, Foucault tenta catequizar os gregos como uma forma de justificar o que os pensadores viviam no século XX. O que seria isso? A vida hedônica, a filosofia dessa época é a visão que temos do filósofo hoje, oriundo da academia, enclausurado em uma vida que só tem sentido na fruição, sobre alicerces que não condizem com a seriedade do pensar e do viver: isso tudo significa que a filosofia foi afastada, nessa época, da produção de modos de vida coerentes com aquilo que os gregos já delineavam como a vida que vale a pena ser vivida; uma vida reconciliada com o real, devotada para o trabalho em si.

Hadot e Foucault travaram uma batalha acerca da interpretação dos pensamentos dos gregos. Existe uma forte ideia de fechar em si mesmo contra um eu transcendente. Todavia não é essa a ideia que se pretende alcançar aqui, nem Hadot, nem Foucault. Porém, suas contribuições foram primordiais para resgatarmos o que entendemos hoje como as estéticas da existência.

Trabalhar em si mesmo implica em desviar daquilo que nos cerca diariamente, que nos atrasa na direção de nós mesmos. Afastar aquilo que nos prende no que não nos leva a nada. A dureza em afastar aquilo que nos atrasa deve ser igual àquela que faz profícuo o exercício em si mesmo. Dureza no sentido de ser difícil, o motivo pelo qual os gregos tinham tanta atenção ao cuidado de si - como no diálogo de Sócrates com Alcibíades, era justamente a dificuldade de fazer isso acontecer.

Esse trabalho em si, em prol do domínio de si, do conhecimento de si, não significa sentar e ler crônicas de historiadores que contam façanhas daqueles que venceram (reis, monarcas. e.g).

É em Sêneca, ter a alma na ponta dos lábios e prestes a partir: ou seja, uma tranquilidade da alma. **Examinar primeiro a si mesmo e depois examinar o mundo, pois dessa forma vemos o mundo com menos vícios,** menos permeado pela subjetividade, com as lentes mais limpas, ainda que não possamos tirá-las de nenhuma maneira, pois a subjetividade nos é inerente. **Estar vivo é subjetivo.**

As regras do jogo da vida estão postas. Da maneira como chegamos à vida, iremos sair dela: como surpresa, em um instante; visto que a única instância que existe para um sujeito é o instante, esse ponto infinitamente pequeno que chamamos de presente. Antes desse presente nada existe e o depois pertence à incerteza.

Tornar a alma grande, como queria Marco Aurélio, livrando-a da penumbra, libertando-a da trama que a envolve, a fixa, a reduz ao que ela é quando não pensamos sobre nós mesmos, quando não conhecemos nós mesmos. Em nosso andejo, a todo momento, objetos se prostram diante das nossas percepções e, por isso, permanecemos vigilantes perante nossa subjetividade; que olhos são os meus e o que eles me fazem enxergar? Qual a importância, então, de conhecer os próprios olhos?

o mundo sob duas ópticas

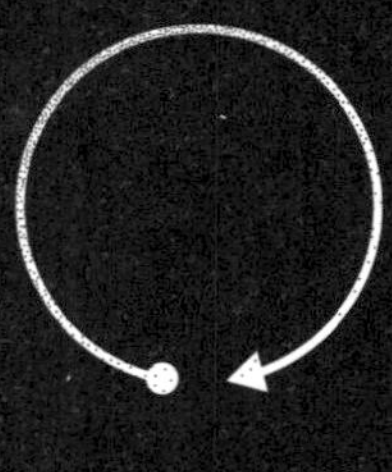

olhando ***para si mesmo***

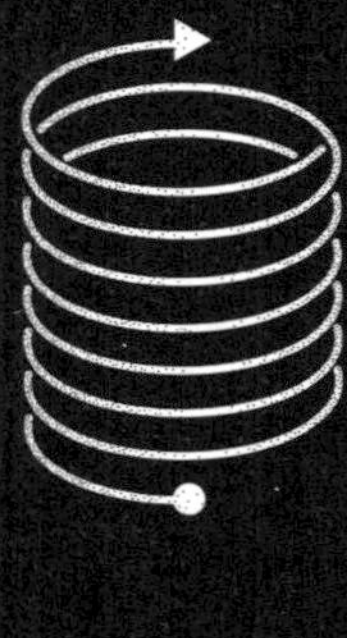

conhecendo ***a si mesmo***

→6

A liberdade em Spinoza: *o conceito determinante para entender a importância do aperfeiçoamento de si mesmo*

É extremamente importante entender o conceito de liberdade em Spinoza para prosseguirmos - porque se aproxima muito da ideia que os antigos tinham sobre a necessidade de se autodeterminar e sobre o constrangimento do homem diante do universo. Nós somos seres moldáveis, ou seja, ainda que não sejamos os principais condutores dessa mudança, nós mudamos. E isso é que pode ser perigoso.

Porque, de fato, não há livre-arbítrio. Sim, meu caro. Não há no sentido mais pleno possível, livre-arbítrio, porque todos nossos comportamentos, nossas decisões, ainda que sejam oriundas de um não lugar (*khôra*), são ligadas a algo que nós possuímos anterior à decisão. Mas calma! Existem possíveis medidas de liberdade na decisão que ampliam esse leque de probabilidades, e isso Spinoza chama de liberdade possível. Inclusive colocando sua ideia de Deus ou Imanifesto como causa para essa ausência de livre-arbítrio, todavia, também como motivo para tal possível medida de liberdade - e isso justifica a necessidade das estéticas da existência.

A filosofia de Spinoza independe de crença. Entendam que quando trabalhamos com linguagem, trabalhamos com conceitos que servem como ferramentas para podermos alcançar estados não alcançados de espírito, percepção, visão de vida, insights ou como queiram chamar. Lembrem sempre que conceitos são ferramentas. Linguagem é o que o homem é. Toda nossa comunicação é linguística, e a verdade é obtida somente dentro de consensos; e ao mudar tais consensos nós podemos mudar toda a interpretação da vida em si. Nós conseguimos dizer o que é um Pai Nosso para a religião católica. E conseguimos também dizer o que é metodologia para a ciência. Mas e se perguntássemos fora desses consensos? O que é Pai Nosso para a ciência e o que é metodologia para a religião católica? Certamente haveria confusão. Imagine em nosso mundo, hiperconectado, as confusões que ocorrem por conta de simples jogos linguísticos ou pelo ser humano não entender o básico de linguística.

Voltando para Spinoza, na parte I da Ethica, na definição sete, há a seguinte passagem: "*Diz-se livre a coisa que existe exclusivamente pela necessidade de sua natureza e que por si só é determinada a agir. E diz necessária, ou melhor, coagida, aquela coisa que é determinada por outra a existir e a operar de maneira definida e determinada.*" As categorias ontológicas de Spinoza estão presentes na supracitada definição.

A primeira é a coisa autocausada que é a Substância - Deus. Existe em si, e por si mesma é causada, sequer podemos imaginar o que isso seja porque nos foge completamente qualquer definição. A segunda é aquela que existe em outra coisa pela qual também é tida a concepção - modos -, ou que pode ter como causa algo para além de si mesma.

Como em um dos corolários da proposição dezessete da primeira parte, em que Spinoza diz que Deus não sofre coação de nenhuma parte: "*segue-se disso, em primeiro lugar, que, além da perfeição de sua própria natureza, não existe nenhuma causa que, extrínseca ou intrinsecamente, leve Deus a agir.*" O intuito deste livro não é tornar as coisas difíceis, então, para resumir muito: a única coisa que pode existir sem ser constrangida, com pleno livre-arbítrio é o Imanifesto; ou Deus - sem discutir o que isso significa ou o que pode significar, aqui independe de crença, pode ser entendido como o primeiro motor do universo, por exemplo. *O Imanifesto não é constrangido porque ele é a própria causa de si.*

Tudo, a partir disso, é determinado pela natureza desse primeiro motor do universo. Deus - Imanifesto ou Vida - existe necessariamente por sua natureza e não pode ser coagido ou constrangido a nada. Somente essa força originária é livre em absoluto, pois Sua necessidade está contida em Sua própria essência. Significa que Ele não é constrangido, diferentemente do homem, por exemplo. É um belo jogo para nos fazer entender que tudo está ligado a alguma coisa, que não existe estar plenamente desvinculado do mundo se vivos estamos.

De forma rigorosa, os homens, então, não são plenamente livres dada sua incapacidade de autoconhecimento pleno sobre si mesmos, pois são limitados em seus modos - pela própria vida em si - seus encadeamentos subjetivos. Quando ocorre a relação, os corpos - por seu caráter relacional - constituem o todo. Tais relações são constituídas por efeitos que não podem ser mudados. E assim tudo aquilo que existe é o que tem que ser. Não poderia ser nada diferente do que é. O acaso é, diante da Natureza, uma parcela de ignorância nas causas do real - isso é muito próximo do que prelecionam alguns behavioristas modernos, inclusive.

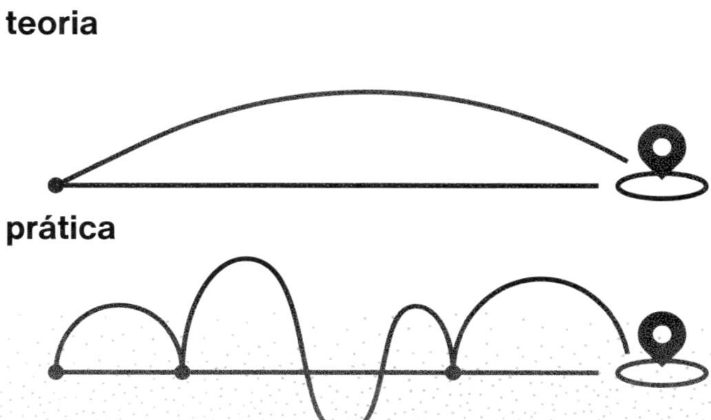

Agora, eis o suprassumo do conhecimento da liberdade em Spinoza: o ser humano é livre na medida em que conhece as causas que o fazem querer. Entendimento elementar para a fundamentação do presente escrito; sem ela não seria possível pensar os motivos da estética de existência serem tão necessários à vida.

Outra coisa que atormenta Spinoza em sua filosofia é deixar a vida ser levada pelas paixões e é o que o autor critica na inconstância do homem - isso pode ser uma faceta daquilo que ele encontrou na vida: a separação entre a teoria e a prática. O distanciamento do homem da vida; de seu conhecimento criando modos de vida.

Sendo assim, o impulso que afasta o homem da constância - que liga o ser vivente à verdadeira e única manifestação da virtude - a excelência de Aristóteles -, é um exercício de autodeterminação. Para Baruch Spinoza, autodeterminação é a sua liberdade: determinar a si mesmo é ser, em parte, livre, dentro das possibilidades do próprio homem.

Com atenção, peço que vejam o que diz Spinoza: todos os homens nascem ignorantes das causas das coisas e que todos tendem a buscar o útil, fácil. Por esses homens estarem conscientes de suas vontades e seus desejos/apetites, eles se creem livres, mas nem em sonho pensam e conhecem as causas que os dispõem a ter essas vontades e esses desejos - ignoram as causas. E assim, eles seguem em função de um fim, em função desses apetites - sendo constrangidos, ignorantes das causas, na ausência de qualquer medida de liberdade que o homem possa ter: ser livre é conhecer a si mesmo.

Então, todo homem, ao fazer um julgamento de si mesmo, enquanto livre, é ignorante. A opinião apenas é baseada na consciência de suas ações, de seus atos e mesmo de suas volições, todavia, não compreendem as causas pelas quais eles são determinados. Eis a grande diferenciação diante das repetições mundanas.

Em consequência disso, a ideia de liberdade que paira na mente do homem é justamente pela ausência do conhecimento das causas de suas ações. Portanto, a liberdade é medida de acordo com o conhecimento de tais causas; parte, como já dito, de uma autodeterminação.

Quanto mais um ser humano trabalhar em si mesmo, mais ele será livre ou, melhor dizendo, **maior será sua medida de liberdade diante dos atos.**

Porque a cada momento que ele descobre a causa de um determinado pensamento, ele gera um looping dentro da faceta da decisão, ele começa a decidir por outro viés, e isso é fluido. Isso simplesmente muda a todo momento, tal como o homem. Por exemplo, um momento que ele descobre que está decidindo de forma mais severa porque está com fome, é um momento que ele alcança uma maior liberdade dentro da possibilidade de suas decisões: e isso é uma medida de liberdade.

O conhecer de Sócrates ou o tornar-se de Píndaro: esse é o processo que conduz o homem à liberdade. Processos entrelaçados. Conhecer compartilhado com o devir; não pode o homem querer ser sem conhecer, sem efetuar os processos que o libertam do constrangimento. Constituir a si mesmo.

Tornar-se quem se é - pelo conhecer; conhecer a si próprio. Não é à toa que a virtude advém e não cessa de devir. A liberdade enquanto virtude não pode ser pendurada; pois quando é pega, já se transforma. Assume outra forma quando é tocada. Por isso, somos processos. O homem se mostra aqui como projeto inacabado, e essa é a melhor definição.

Sêneca, por diversas vezes, proclama que a filosofia faz o sujeito girar sobre si mesmo como ferramenta para a liberdade. E faz uma importante analogia para entender contra o que nós lutamos: ir na direção de si é retornar para si, como o exército que recupera uma cidade ou um navio que retorna ao porto. Isso quer dizer que quando não estamos na direção de nós mesmos, nos perdemos, perdemos nossa cidade, nosso porto.

Voltar os olhos para si é fazer um deslocamento do sujeito/subjetividade. Transfigurar do modo de ser do sujeito por efeito de seu saber: da endoscopia na própria existência. Um dos paradoxos presentes no ser humano é que nós enxergamos em nós mesmos, o *kósmos*, ou seja, a ordem, as coisas já ordenadas; todavia, o que nos espera o futuro? A absoluta incerteza, o caos que faz as coisas andarem na direção que devem andar e, quanto mais andamos, mais incerteza e caos, porque nós remontamos/montamos a nós mesmos e esse monte maior gera mais caos porque a relação com o mundo se expande e, ao se expandir, o caos produzido sempre será maior que o anterior.

→7

Ok. Entendi. Mas afinal, o que são, então, *as estéticas da existência?*

No que elas consistiam? Basicamente, elas eram uma série de procedimentos que os indivíduos realizavam para criar suas identidades, mantê-las ou ainda modificar em prol do domínio de si e do conhecimento de si por si. Essas ações, pensamentos e condutas têm o próprio sujeito e seu processo de subjetivação como o objetivo final.

Em Epicuro, a *therapeúein* é apresentada enquanto verbo de múltiplos valores. Um ocupar-se de si mesmo, acerca da própria alma. Essa palavra, inclusive, dá origem ao termo terapia. Esses procedimentos em si são práticas por meio das quais o ser humano transformava a si mesmo para buscar a criação da própria vida em um trabalho no eu. Isso incitava, inclusive, reflexões sobre o poder de decisão. Colocava como um dos problemas centrais do homem as escolhas que ele mesmo tomaria em sua vida.

Mas como criar algo assim? Por meio de uma relação de si por si; ou melhor, sobre si. Uma *askésis* - prática que visa o desenvolvimento - para todo aquele que busca a excelência. Movimentos perenes em direção ao próprio eu. O mais curioso disso é que, em tese, isso poderia desencadear uma dissociação da realidade - ou ainda uma desistência da vida.

Porém, não foi isso que aconteceu, como pode ser visto muito depois no estoicismo. Pode-se visualizar uma preocupação progressiva com aquilo que o homem é e o que ele pode ser. Nietzsche sempre propôs fazer da vida uma obra de arte. Sabe por quê? Porque nós, como seres vivos, não somos seres predeterminados. Não há algo que esteja presente em todos os seres humanos de maneira exatamente igual.

Para as estéticas da existência, o homem deve ser mestre de si mesmo. Não devemos dobrar nossos joelhos por coisas exteriores a nós. Porque nosso verdadeiro poder está no poder que temos sobre nós mesmos. A vida precisa ser vivida e experimentada com o mínimo de vieses possível; para podermos criar, e assim encontrar o sentido da própria existência.

Um dos fatos mais importantes é que as estéticas da existência não são sobre preparar o indivíduo para outra realidade; mas sim permitir a melhor versão deste mundo. Essas práticas sobre si são processos que tornam o indivíduo mais forte. É para isso que elas foram usadas e assim continuam até hoje.

Para esses pensadores, que iniciaram com as estéticas até os que terminaram de concluí-las, o conhecimento deve, obrigatoriamente, criar modos de vida. Ou seja, não é um estoico quem ensina estoicismo: um estoico é quem vive como um estoico. Imagine você, alguém lhe ensinar estoicismo sem ser disciplinado? Isso não faz o menor sentido. Muitos influencers devem falar o famoso *skin in the game*, não é? Será que eles sabem que foi aqui que isso surgiu? Agora você sabe. Conhecimento é viver aquilo que você conhece. Aquilo que você pode ser é aquilo que você é quando você se questiona; a mudança só existe na atitude. Pode ser um pensamento, pode ser um comportamento: mas você é aquilo que você faz. Seus pensamentos, sua voz, não dizem tanto quanto o que você faz.

E antes de adentrarmos nas três estéticas da existência, é preciso ter ciência: ao contrário, talvez, de que Foucault prelecionava, elas não são singelas. Não são algo para colocar na parede, para vestir; não são algo macio, delicado, suave. Elas são máquinas de guerra. São ferramentas para a guerra, para a guerra interna.

As batalhas, dentro dessa guerra, são aqueles momentos em que você vai procrastinar, momentos vai tender a ser menos do que pode ser, momentos em que a ansiedade irá querer ser a parte mais importante dos seus dias, que você irá tentar se sabotar, dizer a si mesmo que não é possível, que não consegue ler mais cinco páginas ou erguer mais cinco quilos; momentos em que arranja uma desculpa para não seguir uma dieta.

Em contrapartida, essas batalhas, ao mesmo tempo, não te deixam claro quando você deve parar, quando você deve pegar mais leve consigo mesmo, quando e em que momentos você precisa descansar, relaxar. Priorizar seu sono e seus hábitos saudáveis. A parte crucial dessa guerra, dessas batalhas, é o equilíbrio. São forças que te puxam para um lado e para o outro: e você está ali, no meio, segurando ambos os lados para se manter sereno, calmo. Porque no momento de serenidade você enxerga a vida com mais clareza.

Marco Aurélio deixou claro que a arte de viver, que ele também chama de *he biotiké*, lembrando dele como um estoico tardio, é mais parecida com uma luta do que com uma dança; visto que nós devemos estar sempre prontos para os golpes que nos podem acertar, que recaem sobre nós pelo fato de nossa existência, ou a maior parte dela, ser regida pelo acaso, por aquilo sobre o que nós não controlamos de maneira absoluta, embora possamos controlar nós mesmos.

Todavia, a calmaria que prepara para a luta só alcança quem está na senda do autoconhecimento. Ser arrebatado pela vida fora de si é a regra – a regra é sentir-se perdido diante desse arrebatamento. Dominar a si mesmo e a vida que advém da sua relação com o ambiente é a exceção; levando em conta que você é – também – o ambiente, é a parte difícil. Então, "tudo é possível" é uma crença errada; assim como a de que nada é possível; somos os guerreiros que lutam contra essas duas crenças. Os guerreiros que já escolheram suas armas. E que já deixaram suas almas organizadas como um exército para enfrentar qualquer inimigo que ouse nos tirar da vida presente, porque a luta é aqui e irá durar a nossa inteira existência.

Os gregos nos trouxeram esse processo de vida totalmente original e nós perdemos ao longo do tempo - como os navios naufragados que em tempos remotos depositaram seus tesouros nos abismos dos oceanos. Nossa tentativa é recuperar um desses tesouros, aquele que nós julgamos um dos mais importantes que a história do conhecimento já produziu. Pois então, esse processo tem como objetivo produzir uma vida livre dentro do possível, dos possíveis; uma vida não constrangida por aquilo que não conhecemos sobre nós mesmos - aqui nasce a medida de liberdade na vida: a dominância do acaso com base no domínio sobre o eu. Por quê? Como posso ter poder sobre o mundo se não tenho o poder sobre mim?

A única maneira que podemos fazer uma prática de administração do mundo é quando temos poder sobre nós mesmos. Os gregos chamam isso de relação agonística (de forças, de competição) de si sobre si próprio. Essas forças tenderiam para fora: para o religioso, supersticioso, para a submissão - forças que nos colocam de joelhos, que são oriundas de fora, mas que agem em nós mesmos causando problemas (ansiedade, procrastinação, extremismos etc.).

Um homem só pode se constituir de maneira livre no confronto de forças, como um campo de batalha, e nesse campo há uma guerra eterna.

Esse ser humano tem alguma liberdade quando as forças ativas (em si) dominarem as forças de fora que tendem a sujeitá-lo ao mero acaso. Então, para os gregos, a ideia não é produzir algo para fora, como um objeto que você mostra para o mundo.

A ideia é dizer que alcançamos e pudemos alcançar uma medida de liberdade porque tomamos as rédeas da nossa própria vida, da parte que nós podemos tomar. E aqui é o *hard problem* das neurociências: isso só é possível porque temos consciência. E tendo consciência, podemos nos colocar em um *looping* infinito para conseguir delinear um processo de decisão. O ambiente somos nós. Quando um homem mexe em si, ele mexe no ambiente. Não há separação - essa separação é ilusória. E os gregos tinham noção disso porque, antes de organizar a cidade e a economia, eles preconizavam que um homem precisava organizar a si mesmo.

Ou vocês acham que Marco Aurélio, o imperador dos imperadores, estudou as estéticas apenas para escrever em seu diário, originando o livro *Meditações*? Sim, eu entendo que não somos Marco Aurélio, nem eu e nem você. Não somos imperadores do maior império que o ocidente já viu. Todavia, é preciso se preparar, estudar como ele estudou, porque vamos travar a mesma batalha que ele; a mais importante das batalhas: a interna.

Em toda a Antiguidade, e ainda com similitudes entre oriente e ocidente, os grandes governantes ou, ainda, aqueles que desejaram aperfeiçoar o mundo, em uma noção severa de cosmopolitismo, regulavam, antes do próprio país, a própria família; e ainda antes da própria família, a si mesmos. É o caminho que qualquer pessoa que tem uma aspiração para a grandiosidade deve seguir. Tomar o caminho inverso disso é fugir de si mesmo.

Essa batalha durará o tempo que vivermos. A fuga dessa batalha é punida com uma vida medíocre. Uma vida eivada de vícios danosos, que resulta com o acaso nos dominando, fazendo com que nossas escolhas sejam inexpressivas; que o destino seja mero fruto de uma desordem da qual optamos não fazer parte por covardia e/ou ignorância. Uma vida hedônica que pode ser vista como nada, sendo nada a ausência de trabalho em si mesmo.

O pensamento grego é permeado por referências ao trabalho em si. O reconhecimento mais proveitoso é o da preocupação de quase toda a cultura grega nas matérias concernentes ao estudo, conhecimento e/ou preocupação acerca de si mesmo. Se formos pegar o pensamento de Demetrius, o Cínico, há na fala dele um direcionamento para entender como é inútil o tormento na relação com as coisas naturais e da importância da preocupação com si, por exemplo. Ou seja, com aquilo que podemos dominar.

Os diálogos de Epicteto são outro exemplo. Ou mesmo na Enéada II, de Plotino. No ascetismo Cristão, em Gregório de Nissa; na espiritualidade alexandrina; dentre outros exemplos. A *epimeléia heatoû* - o cuidado de si, a segunda estética - é atitude que designa, de fato, uma importância para si mesmo. Mas, ao mesmo tempo, ela tem fundamental reconhecimento na figuração do Outro e no mundo relacional do si-mesmo. Uma melhora em si mesmo é uma melhora no mundo que nos cerca, porque somos seres relacionais e esse foi um dos grandes aprendizados políticos gregos. Visto que eles eram um povo demasiado preocupado com a *polis*. O senso de comunidade grego é até hoje estudado e tido como modelo para organizações sociais, tamanha a força e a seriedade com que encaravam os problemas concernentes ao convívio social. Conviver, viver em comunidade, partilhar um local sempre foi um desafio gigantesco dentro do nascimento das cidades, desde quando o ***oikos*** (casa) era o ponto de nascimento de uma *polis*. A seriedade da instituição dessas casas era tanta, que apenas alguns escolhidos eram julgados capazes de fundar e manter estabelecida e funcional uma casa distante da cidade mãe (*mater* + *polis*, mãe + cidade).

Dentre outros conceitos importantes para adentrarmos mais no entendimento desse auspicioso mundo que é o do conhecimento greco-romano, *meléte* é um dos mais propícios para tal, significa meditação, que tem uma conotação de exercício e um parentesco forte com a palavra *epimeléia* (percebam a *melé,* em ambas as palavras). Ou seja, há, sem dúvida, uma preocupação meditativa inserida dentro da noção do cuidado de si. Com aquilo que se passa no pensar do ser e, desse modo, em suas atitudes. Algo como uma meditação de si por si. Mas, mais do que isso, um exercício diário, cotidiano, que deve ser feito sempre que seja pertinente.

Viver é nosso legado.
Ainda com frutos incertos, as sementes devem ser plantadas.

Uma faceta clássica do *meléte* é a encontrada em Fedro, de Platão, quando o autor disserta acerca da *meléte thanátou* - a meditação acerca da morte. Sem deixar de considerar a importância dessa contemplação na filosofia estoica. Fica caracterizada, portanto, a forte ligação meditativa entre os conceitos de *meléte* e *epimeléia*. Ainda que Hadot e Foucault não tenham colocado essa dimensão meditativa nessa estética, ela está muito presente nos escritos antigos. Influenciando muito Marco Aurélio, inclusive. Quando o autor escreve em *Meditações* o pensar sobre a morte, ele quer corroborar um dos exercícios mais intensos da visão humanista da vida. Então, pensar sobre a morte é muito mais do que o mero pensar, é um resgate histórico de toda visão humanista que desenhou, por muitos anos, a importância de conceber a morte como algo do homem, para nos livrar de metafísicas (im)possíveis, nos fazendo entender que nosso legado é na vida, que o trabalho é na vida; ainda que os frutos sejam incertos, as sementes devem ser plantadas.

Sempre lembrando, entretanto, que durante a Antiguidade - das mais antigas escolas até as neoplatônicas - existe claro exercício e importância do conhecimento de si e do cuidado de si para as fundamentações de cada período, nas diversas formas de filosofias e dos pensadores que surgiram durante os mencionados séculos. Digamos que ainda que se mude o modo de pensar, elas permanecem presentes como os alicerces para tais pensamentos. Elas atravessam as gerações. Desse modo, a própria *meléte thanátou* é algo fundado pelos exercícios de si, pelas estéticas da existência.

É preciso que isso fique claro como água: ocupar-se consigo mesmo é basilar na história; sendo, inclusive, uma das premissas que Sócrates, no diálogo com Alcibíades, coloca para a vida política. Todavia, nesse diálogo, Sócrates coloca a noção de exercício e aplicação de espírito, ao invés de creditar à *epiméles-thai heautoû* ou *epimélou sautoû*, ele utiliza o *noûn prósekhe* (o próprio espírito sobre ti): aplicar o próprio espírito sobre ti; isso está presente na obra de Xenofonte.

Apenas uma ressalva antes de prosseguirmos: qual é, então, o problema dos estudos de Foucault? Foucault coloca algumas dimensões como mais aparentes para seus escritos, como é o caso da política e do poder - afastando um pouco as classificações da mente, desenvolvimento e comportamento humano, meramente mencionando-as como sempre existentes, mas não as estudando da forma como propõe para a política ou o poder. E assim ele perde aquilo que foi o grande regente do homem, da alta performance e do seu desenvolvimento na história. Em busca de uma justificativa ou de uma resolução para o problema do poder e das instituições que permeou o imaginário dos pensadores franceses do século XX, Foucault e até mesmo Hadot - ainda que esse tenha advertido Foucault -, perdeu-se o motivo pelo qual as estéticas da existência foram criadas.

Sem o intuito de medir as estéticas da existência como ferramentas para a vida, Foucault se detém na questão institucional e a aplicabilidade delas em um sentido mais romântico, menos capaz de construir/modificar e procurando mais entender o homem social - todavia, reiterando, não foi para isso que as estéticas foram criadas. Pode ser que tenha sido indiretamente, porque de fato elas sempre se apresentaram como condição para o exercício do governo, da governabilidade e do aprimoramento da capacidade de governar.

Pois bem, as dimensões estéticas, na história, por vezes detiveram um profundo significado espiritual, algo no sentido de que, conhecendo a si mesmo, pudéssemos conhecer Deus ou a Verdade. Ou o reconhecimento do divino como fundamento do empreendimento do conhecimento e do cuidado de si: *ho theós* - o Deus - é a parte mais pura e luminosa da própria alma do homem.

Sendo assim, a alma, segundo Sócrates, pode ser vista - de uma forma mais clara - se o homem olhar não para alma semelhante, pois talvez nada se encontre de semelhante - parecido com o hinduísmo, com a ideia de centelha divina que somos partes diversas do Todo -, mas sim para a alma que é certamente mais luminosa, que é a divina - espécie de ascese. Isso quer dizer que, no contato com o divino, é que ocorre a apreensão da sabedoria enquanto *sophrosýne* - o espírito da moderação, equilíbrio e autocontrole. De tal momento, em diante, é possível distinguir, em Sócrates, o bem do mal - para aquela alma -, como governar a cidade, a política e a condução do próprio corpo. Uma alma sábia é, para os gregos, uma alma que está perto do Divino - sem muito questionar o que é, exatamente, esse Divino, porque há influência da visão humanista; ou seja, não faz sentido buscar o que isso significa, se Deus não se revela, não é para ser revelado ou mesmo entendido. Portanto, o mistério é algo inerente à ideia de Deus.

Salienta-se que a visão de Deus não é visão antropomorfizada, muito menos mitológica, aqui pode existir uma confusão acerca dos pensadores com o *hoi polloi* que são as pessoas absortas na vida do dia a dia e evita as reflexões e os exercícios de si; nessa época, a visão divina, para os pensadores, se porta como mistério a ser desvendado - lembram da *arkhé*? Um encadear que só pode ser resolvido pelo homem no exercício absoluto da sua existência enquanto existência estética de si sobre si; nesse sentido é que a frase délfica é cunhada: conhece-te a ti mesmo e conhecerás o universo e Deus (ou deuses).

Ainda que esse resgate pareça estritamente filosófico, ele permeia as mais variadas tradições e religiões. Tamanha era a importância do conhecimento de si na história. O próprio Talmude, narra o historiador Gershom Scholem, disserta acerca do caso de um homem que, na busca de Deus, encontrou consigo mesmo. Deparou-se consigo mesmo ao procurar por Deus. Isso ainda pode ser visto no Evangelho Apócrifo de Maria Madalena, que diz que se deve tomar cuidado para aqueles que dizem que Deus está aqui ou lá; porque somente no interior do homem é que está Deus e logo ordena para caminharmos em direção a nós mesmos.

Mas como é essa caminhada em direção a nós mesmos? Qual a natureza desse conhecimento?

→8

Conhecer é conhecer em fluxo: *não há conhecer estático*

Para esse tópico, vamos pegar duas sentenças históricas: a inscrita no Oráculo de Delfos, *gnothi seauton*, e a máxima de Píndaro, *genoi hoios essi mathon*, presente nas Odes Píticas, II, 72. Como introdução, cita-se que a máxima de Píndaro influenciou Nietzsche em diversas passagens de suas obras; o pensador alemão a utilizou como instrumento de trabalho. Provavelmente porque esse trabalho, de se tornar o que se é, é como um motivo para a vida.

Preciso esclarecer que dentre as passagens em que se pode notar influência, destaca-se o uso de subtítulo de seu *Ecce homo*. A máxima de Píndaro será compreendida nos significados a seguir: conheça o que você é, torna-te tal como você é; sê fiel a ti mesmo; conheça o homem que é; ou ainda, ser o que você conhece que você é; conheça para ser o que é. Aparece, também, de forma um pouco diferente em seu famoso *Assim Falou Zaratustra* na seção "O Convalescente": *"que seja tu e no que deves te tornar"*. Aparece também em duas outras seções do Zaratustra: *"A Sanguessuga"* na forma de *"Sou quem devo ser"* e em "O Sacrifício do mel", na quarta parte do Zaratustra: *"Te torna quem és!"* E, por fim, também nos aforismos 270 e 335, de *A Gaia Ciência: "Tens o dever de te tornar aquilo que és."*, *"O que queremos é tornar-nos o que somos"*, respectivamente.

Primeiramente, no seu uso da máxima de Píndaro – em Nietzsche –, há uma diferença. Na verdade, na segunda das Odes dirigidas a Hieron, Píndaro escreve *"Genoi' hoios essi mathon"*. A conclusão que pode ser observada é que Nietzsche retira a força – significado – da palavra *mathon*. Crê-se que é de forma proposital, pois, como dito, conceitos para Nietzsche eram ferramentas. A palavra *mathon* faz emergir a noção de algo que ocorre ao passo que nela ainda está presente a força conhecer. Ou seja, algo que pode ser identificado como uma parte em processo que permite somente uma ponte e não uma chegada – muito parecido com o além-do-homem nietzschiano, inclusive.

Ou seja, conheça para se tornar aquilo que é. Conhecer para tornar-se o que é. Píndaro também foi conhecido como Píndaro de Cinoscefale ou Píndaro da Beozia, estudou em Delfos - antes de filósofo, Píndaro foi um poeta; *genoi hoios essi mathon* também possui, então, o radical *gen*. Portanto, disso o que se quer extrair é a visível aproximação entre o conceito de conhece-te a ti mesmo - *gnothi seuaton*, e o conheça o que você é - *genoi hoios essi mathon*.

Desse modo, o que se procura conceber é que o conhecer não é objeto de puro deleite, é o próprio homem sendo o que é em um processo. Como se o Oráculo de Delfos dissesse: processo contínuo, conhecer é nunca deixar de conhecer, se o ser renuncia a um constituir-se por meio de um conhecer, ele já não é, ele deixa de ser o que é.

Por conseguinte, o conhecer de si mesmo determina aquilo que o ser irá se tornar, sendo que o ser não pode deixar de lado o conhecer de si mesmo porque, além de implicar no que o homem se torna, ele é incessante. Então, toda concepção humana dentro de um conhecer não cessa, pois faz parte do homem ser aquilo que ele é. Isso significa dizer que se está jogando não somente com entes externos, mas irremediavelmente internos. É essa a noção que está intrínseca ao processo de conhecimento, pois ele faz parte do que é o homem e de tudo aquilo que ele conhece para se tornar, para vir a ser, e que nunca pode deixar de ser. Você se torna aquilo que você é, e você é aquilo que você faz para se tornar e continuar se tornando o que você é: processo infindável.

O trabalho em si mesmo não chega sequer a ser uma emergência, pois é inevitável. Não é à toa o direcionamento para o ser que vive e a atenção voltada para dimensões vitais nos mais amplos conceitos humanos - e que se tornam sensatos uma vez que se aplicam aos modos de vida - é o simples reconhecimento de algo que está vivo, de uma organização do que está vivo. Inegavelmente, produzir conhecimento ou modos de vida nunca estará desligado de um vir a ser e de um ser. Criação de conhecimento e modos de vida é, ao mesmo tempo, ser e vir a ser; ao passo que nunca estão desligados da dimensão do que vive e de seu, já estudado, intrínseco não cessar.

Conhecer a si mesmo! Nunca deixe de conhecer a si mesmo porque nunca vais deixar de ser o que é! ***Conhece-te a ti mesmo porque nunca vais deixar de ser o que é!***

Enraizado no ser - o vir a ser - o devir é o exposto no fragmento de Heráclito: "Vida (ou eternidade) é uma criança jogando, movendo peças em um jogo: o Reino (vida) é uma criança". A eternidade como uma criança jogando. Dificuldade é compreendermos isso, ser o escultor desse mármore em que há sempre arestas para lidar. Há muito mais tranquilidade - a aparência, pelo menos - em um controle situacional exterior do que interior; porque o externo pode aparentar estar em estabilidade, mas no jogo interno não há aparência, se negligenciamos dia após dia é mais fácil esperar uma hecatombe do que rearranjo das peças que nos constituem.

Isso significa que entre o processo do devir e o processo do conhecer a si mesmo - conhecer no geral - sempre haverá um tornar em todo processo de conhecer. Sem esquecer a questão do ambiente. Somos colocados como múltiplos, ou seja, em um sentido relacional com o meio em que vivemos - e que também está em devir - que significa um processo de conhecimento de vir a ser, a jornada pela qual passa o criar que representa uma interioridade não é simples, pois sempre contempla o Outro. Então, quando cria, ou quando vem a ser, é criado e faz vir a ser aquilo que o cria em seguida - no sentido relacional. A recíproca relação com o meio não foge do devir em seu sentido de vir a ser ou se tornar. Há uma continuidade tanto do ser quanto do ambiente que ele faz parte, que o molda e é moldado por ele.

Tudo o que está no mundo vive, assim como Platão representa em um de seus diálogos: o mundo é um ser vivo. Formado pelo Outro e pelo Mesmo, movimentos distintos, mas complementares; a alma do mundo é viva, tal qual é o ser que o reflete e que é refletido por ele. Por entre relações e conhecimento, pode-se dizer que somente há continuidade, uma estrada sem paradas. Somos o que fazemos de maneira continuada, assim que aquilo que façamos não seja exatamente o que pretendíamos fazer ou que não seja aquilo que precisamos fazer para nos tornar o que pretendemos ser.

a vida como processo

→9

Mais alguns apontamentos *antes da primeira estética*

No diálogo com Alcibíades, Sócrates disserta bastante para seu pupilo acerca da importância do conhecimento de si, do cuidado de si e que isso não era negociável se ele quisesse agir com excelência em sua vida privada e pública. Então, talvez esse seja o benefício principal do diálogo com Alcibíades: as motivações principais da necessidade de movimento em direção a si mesmo. Tornar os olhos para o divino, ao passo que volta os olhos sobre si mesmo; ou talvez, olhar na direção de si mesmo é a forma de revelar o divino.

A partir disso, poderá ser descoberta, com base nesses diálogos - em consequência do ato - a essência da sabedoria; que pode ser traduzida como *dikaiosýne*, no grego. Ou pode ser, também, na forma inversa. Buscar a essência da sabedoria é buscar o divino. Isso significa que a essência da sabedoria e o divino caminham sobre as mesmas sendas; o elemento divino reflete, no âmago da identidade do homem, aquilo que ele é.

Interessante notar que existe um termo que os gregos utilizam para pessoas que ficam imersas no dia a dia, na felicidade da sexta e na tristeza da segunda: o *hoi polloí* - pessoas absorvidas na vida de todos os dias - é um conceito que vai contra as estéticas da existência - nas suas mais diversas esferas: prática, pedagógica e/ou hermenêutica. As pessoas absorvidas pelos eventos cotidianos, suscetíveis a tais mudanças, são as mais distantes das estéticas da existência; porque afastam, pelo próprio modo de levar a vida, o trabalho em si mesmo.

Um exemplo de querer afastar isso e atentar-se sobre a importância do trabalho, que falamos aqui, são as cartas de Sêneca a Lucílio. As mencionadas cartas deixam ainda mais visível às estéticas suas direções; *in visceribus ipsis sedet* - o mal do homem presente em suas vísceras: é o que está na carta número 50. Ou seja, se o mal está dentro, o trabalho é dentro. Esse encontro ocorre no formato proposto por Jacques Derrida com a desconstrução. Ainda, no mesmo sentido desse movimento ser perpétuo, Sêneca deixa claro que *virtutes discere é vitia dediscere* - aprender as virtudes é desaprender os vícios. Noção de um desaprender que se prostra essencial nos cínicos e que também pode ser visto nos estoicos. Todos com os olhos voltados para o período anterior; uma tradução mais simples dos ensinamentos.

Confirma-se que há, no exercício de si, bem como no cuidado e no conhecimento, a dimensão da libertação das amarras - tidas como um dos males do homem. Só conhece os fios que os prendem aqueles que se movimentam; e é justamente nesse sentido que Sêneca propõe os exercícios nos próprios corpos dos homens.

Mas é inegável a complexidade da frase do Oráculo de Delfos ("Conhece-te a ti mesmo") e de seus preceitos, ainda que a simples inscrição délfica possa transparecer algo a ser digerido com facilidade, Epicteto e Platão já respondiam com demasiado cuidado ao lidar com ela: o primeiro dizia que um em mil era capaz de apreciar a frase no centro de encontro dos homens civilizados - *ek tês oikouménes* (um em mil) -, e o segundo já colocava a frase como dada a um pequeno número de eleitos, fazendo alusões às fórmulas iniciativas órficas - para iniciados ou escolhidos.

Platão ainda preleciona ocupar-se consigo mesmo para praticar o que os neoplatonistas chamam de *kátharsis*, que mais tarde origina a palavra catarse. Não há como se tornar um bom homem sem ocupar-se com si mesmo, sem conhecer a si mesmo, sem aplicar a si mesmo a libertação. A própria salvação, eles - os neoplatônicos - entendiam como uma atividade que acontece na própria vida, ao longo de um amadurecer e pelo próprio homem.

Importante salientar que o acesso a si mesmo é assegurado pela salvação, e esse mesmo processo, curiosamente, está vinculado à salvação dos outros, como explanado no sentido relacional do existir. Ou seja, helenisticamente, salvar-se é salvar o outro que, de uma forma ou outra, participa de minha salvação - eles tinham um forte senso de comunidade (ambiente?).

O fato é que o autoconhecimento, essa preocupação com a própria natureza não é, de modo algum, solipsista. Pelo contrário, o caráter relacional do homem - visto no primeiro capítulo - impede qualquer forma de solipsismo. Por conseguinte, essa forma de autoconhecimento com a ética está vinculada à determinada estética de existência.

Principalmente no ocidente, o autoconhecimento intensifica a relação com o exterior. Ela é incentivada por práticas como a *epimeleia heautou* - cuidado de si. Isso significa uma tomada de decisões para além de decisionismos e criações delirantes subjetivas; e isso não beneficia somente a um - talvez em um primeiro momento; todavia, eles tinham a consciência que o trabalho no eu é, também, um trabalho para todos.

Lembrando que toda ação é regulada, especificada e (re)pensada; meditada. Quando um ser humano começa em um processo de conhecimento de si mesmo, ele não se afasta, pelo contrário, ele age na direção do próprio mundo, de suas angústias e do entrelaçamento de seu relacional, já que é ali que ele desconstrói suas próprias certezas e ameniza seus impulsos.

Ou seja, para ser, para tornar-se o que se é, é preciso um conhecer que não é outra coisa senão autoconhecimento, lembrando que a capacidade de conhecer é exercício contínuo;

para lembrar: à medida que o ser para de se conhecer ele para de, também, ser. São coisas entrelaçadas.

Buscar a transformação ou autodeterminação é uma busca pela singularidade da existência, que, como já foi dito, nada tem a ver com solipsismo - é o contrário, pois, assim como aquilo que carrega o tópico do ser vivente, seu relacional é inevitável e sem dúvida fundamental no próprio processo de autodeterminação, bem como o desenvolvimento social.

Assim, fazer da vida um processo de constituição de si mesmo é aquilo que, certamente, direciona as estéticas por critérios estilísticos que não cessam. É a ética tratada na concepção dos modos de vida. Devir e uma fé sem dogmas que desconstrói mistificações de interpretações acerca das diversas filosofias ao longo da história - esse é o cerne, o princípio e o principal.

Pode ser dito que não há questionamentos acerca de algo em particular: o estilo é muito aproximado, como já mencionado, do ascetismo. A ascese é uma tradição que adota no ocidente essa relação elementar com a ética, propondo a necessidade de uma estética de existência; *askésis*, em *A Hermenêutica do Sujeito* Foucault admite certa semelhança da *ascese*, do modo de vida ascético da renúncia de si; todavia, do mesmo modo, adverte que os antigos analisam a ascese não somente do ponto de vista de uma renúncia de si mesmo.

Isso porque a ascese também envolve a criação de si mesmo. Não existia objetivo de perder-se do eu. Existe sim a preocupação com a transformação de si. As relações que o sujeito estabelece com os outros e consigo próprio. Um ser capaz de promover a si próprio sua mudança por meio de um processo de autoconhecimento e autodeterminação.

O ascetismo, que determina um autocontrole e o direcionamento à virtude, não é somente algo que tira, mas que faz do ser uma composição de sua liberdade enquanto determinante para seus processos interiores e exteriores, como a gentileza, o bem e o respeito ao Outro; é isso que afasta o homem de atuações estancadas em moralismos diversos pautados, por exemplo, nas opiniões da maioria sem nenhum critério objetivo ou filtro. A nobre ascese seria uma constituição de si mesmo tendo a real noção dos constrangimentos exteriores: exatamente como a liberdade em sentido que prelecionou Spinoza. Então, o termo ascetismo permite a associação de um si mesmo preocupado não somente em sua própria elevação, em seu próprio processo de vivência, mas é latente a perturbação/preocupação com o sentido relacional do existir.

Não distante: ser um asceta, portanto, não é renunciar da vida ou viver intuindo. Sem adentrar nos critérios orientais presentes no budismo - algumas doutrinas pregam certa renúncia-, quem sabe se torne assunto para um trabalho posterior, mas, no ocidente, do modo clarificado, para as estéticas, não é renúncia: é incorporação de modos de vida correspondentes à liberdade no sentido visto aqui. Portanto, *askêsis* é prática que permanece no ser e se modifica com ele - constante desenvolvimento da forma de vida. Por ser entendida como uma prática que dá forma ao ser, ela é considerada importante no pensamento grego clássico. O pensamento de Sócrates é um exemplo claro disso.

Apenas é importante deixar claro que esse exercício de si mesmo não é resumido pelo pensamento - não se trata de abstração, de mero deleite acerca do que poderíamos ser, é atitude. As práticas, como mencionado, fazem também parte da dimensão construtiva do ser; em sua perpétua busca e do entendimento acerca de si. Sendo assim, as supramencionadas práticas ganham o nome de *enkrateia* - *en krateia* -, poder sobre si mesmo. No poder de si mesmo - *en kratos*. Poder sobre as próprias paixões. Porque, como prelecionou Marco Aurélio, é preciso afastar o que nos atrasa em nossa vida, como imaginar o que os outros fazem com a vida deles ou ainda procurar ver o que o vizinho pensou ou fez - somente interessa o que nós mesmos fazemos (*tí autós poieî*); interessante notar no termo a força da última palavra, que remete à produção e criação diária de hábitos, práticas e experiências.

Não interessa, portanto, o que os outros fazem, seus prazeres e sofrimentos - muito menos o julgamento que é mais um deleite e uma divagação que algo assertivo. Plutarco elenca isso como a *philomátheia allotríon*. Interessar pelos prazeres e defeitos dos outros é delegar nossa vida para uma condição inferior, é menosprezar a própria vida, visto que não há tempo ilimitado para os trabalhos que devemos executar em nós mesmos. Preocupar-se com a vida alheia é menosprezar nossa própria. Não há felicidade possível no julgamento da vida alheia, isso se contrapõe, portanto, à virtude propriamente dita. Coração, nervos e músculos devem estar dirigidos para coisas que exigem a tua excelência e trabalham em prol dele: estudos, trabalho, exercício, rotina, por exemplo. Quando você enxerga a mediocridade em outrem, sempre faça o exame primeiro em ti, porque na maioria das vezes você só reconhece a mediocridade porque age como um medíocre.

Enfim, as estéticas da existência ligadas à ética são um circuito de exercícios que não cessam, são exercícios contínuos voltados para si mesmo aos olhos do relacional - e não se importando com alguém específico, os outros são meras abstrações. São esses exercícios que foram vistos como alternativas diante das crises encaradas pela humanidade - para si mesmo e para o coletivo. Sobressair-se a si mesmo - transformação de si.

Aquele que detém poder sobre suas paixões, por exemplo, era tido como aquele que tem uma vida bela - **no sentido de bom, como explicitado anteriormente.**

Entender os mecanismos pelos quais funcionam as atitudes do próprio ser é visto na história como um dos mais altos graus de conhecimento - as neurociências, por exemplo, são ferramentas em prol disso.

Mesmo em Platão, o exercício da luta física, o atletismo como um todo - ou seja, a formação atlética -, é uma das garantias para que não sejamos tomados pelo pânico exterior; o medo das adversidades é dirimido quando você diminui o medo de teus adversários, sejam eles quais forem. O zelo pelo próprio corpo é visto desde os primórdios do pensamento como algo que nos faz encarar a vida de uma maneira mais serena. Pois a tranquilidade que isso dá é algo que é transferido para cada decisão que possamos tomar. Isso pode ser visto nos espartanos: o povo mais preparado fisicamente e mentalmente é o menos beligerante, o que menos procurou por batalhas, pela serenidade que tinham em suas vidas cotidianas.

Quais os adversários que podemos encontrar em vida? Problemas com pessoas, vícios, traumas, dentre outras coisas: tudo isso é dirimido, amenizado, diante do preparo que você tem para lidar com o mundo. Essa preparação pode ser vista como um grande combate em que não há plateia, visto que não há lugar para a plateia no lugar que ela ocorre: em nosso interior.

O próprio Pierre Hadot foi um pensador que desenhou de maneira clara o que a filosofia para os gregos é: um modo de vida. A filosofia é um modo de viver. E é isso que é preciso voltar a ser incorporado. Divagar não é a arte de filosofar; criar modos de vida é o objetivo da filosofia. Crescemos à medida que nossos atos diários são congruentes com aquilo que esperamos do porvir. A filosofia nos orquestra na existência, com aquilo que fazemos de nossa existência e com a nossa existência.

Então, quando colocamos as estéticas da existência como exercícios de guerra, pensamos no preparo que elas oferecem para enfrentar o mundo. A ciência caminha a passos largos para demonstrar que dormir, por exemplo, não é apenas dormir. Estudar não é sentar e ler um livro, bem como o exercício físico com excelência não é apenas se movimentar; há um organismo envolvido, e por organismo aqui entendemos que são os atos cotidianos que nos circundam. Você dorme melhor se você se expõe à luz solar logo pela manhã. Tem mais foco se seu sono foi bom. Não há dissociação das tuas condutas. Não é como se você escolhesse o que fosse fazer bem. Quanto mais excelência nos pequenos atos, mais excelência terá naqueles que irão importar para ti. Uma refeição que você faz com calma. A atenção à tua rotina. Como você lida com sua microbiota. Tudo isso para inferir que somos a soma dos atos, e isso não é sequer negociável.

É disso que elas tratam, do teu inteiro ser enquanto exercício da excelência. São ferramentas oriundas de pensamentos que tinham a filosofia como criadora de modos de vida e não apenas de devaneios heterodoxos. As respostas desordenadas oriundas de mecanismos evolutivos – como o medo – hoje geram transtornos como o de ansiedade. Porque, enquanto animais, não sabemos lidar com os estímulos que nos cercam. Observar as coisas com calma foi, em algum momento, importante em nossa evolução. Quando não havia o *Google* para nos dizer o que é uma hortaliça ou quais alimentos deveríamos escolher. A diferença é que agora, com calma, observamos nosso inteiro ser.

As teorias pré-socráticas acerca do indivíduo são únicas na história e é por isso que elas permearam o pensamento greco-romano - e elas subitamente se tornaram atuais com o surgimento das neurociências. Nós buscamos, em uma grande parte da história, separar o pensamento, o corpo da mente, ou ainda pensamos "ter" um corpo e não em "ser" um. Essa reaproximação do indivíduo com o mundo ou das emoções enquanto condições para a racionalidade fazem retornar os pensamentos gregos porque eles se transformam em essenciais para a excelência.

Não há sítio para a razão humana e sim um encadeamento construtivo alicerçado em vários sistemas cerebrais que funcionam em um aparato aparentemente caótico de muitos níveis de organização neuronal e tudo hiperconectado com o corpo como um todo; e é por isso que cada momento da tua vida importa para a construção do teu eu. O que somos é um resultado de somas impossíveis de se mapear e de uma complexidade tão grande quanto o universo; e a cada momento que vivemos, nós mudamos.

Somente o que está morto não muda. Se vivos estamos, a mudança é uma obrigatoriedade. As estéticas da existência são as ferramentas que utilizamos para que essa mudança seja na direção que pretendemos ir. A própria estrutura do cérebro não é estática, o entrelaçamento entre genética e interação com o meio desencadeia mudanças de estrutura dos circuitos neurais – mudanças que não cessam de ocorrer por conta das experiências contínuas.

E é por meio dessa lógica que Maturana chega a um pensamento similar ao de Hadot, quando afirma que aprender vai muito além de adquirir ideias, que aprender é incorporar formas de vida, modos de vida. Nosso espaço relacional, o meio socioambiental em que vivemos, modela nossas mentes, nossos corpos, sem esquecer que somos parte determinante dele. Quando alteramos nosso espaço socioambiental e nós mesmos, alteramos nossos corpos (entendendo o cérebro como parte do corpo, não esqueçam disso). Padrões sociais são difíceis de serem mudados porque estão radicados de maneira severa nos corpos dos membros que se fazem presentes naquele meio. Mudar de ideias e, consequentemente, de modos de vida, é a busca que deve ser perpetrada pelo conhecimento. Sempre tendo como horizonte a perfectibilidade enquanto coisa a ser buscada e nunca encontrada.

E com o conhecimento disso, tendo essa questão sempre em vista, adentramos na primeira estética que se apresenta como ferramenta para a excelência. Interessa notar que todos somos capazes disso. Como conversamos no começo: não há segredo, não há magia ou algo sobrenatural. O trabalho é aqui e agora, no lugar mais longínquo e obscuro que podemos adentrar: nós mesmos.

→10 *gnothi seuaton*

(conhecimento de si)

A primeira estética da existência não tinha, quando foi formulada, a notoriedade que lhe foi postergada mais tarde. É Epicteto que insere a *gnothi seauton* na história do homem. Apesar de inscrita no Oráculo de Delfos, ela não tinha a força de atuação - nos textos - que ganhou posteriormente. Curiosamente, é com o nascimento da *epimeleia heathou* - no texto de Alcibíades - que elenca o conhecimento de si mesmo como fundamental.

Sócrates dizia de maneira incessante para as pessoas cuidarem de si mesmas. Todavia, os textos posteriores sugerem que o conhecimento de si era tão inerente à atividade humana, que mais atenção foi delegada à *epimeleia heathou* por muito tempo, como, por exemplo, nos textos de Epicteto - em seus diálogos -, e em Sêneca, o cuidado de si também aparece como central. Todavia, como já dito, o conhecimento de si já era algo imanente da atividade do homem, de sua vida, de suas atitudes diante da existência.

A *gnothi seuaton,* ou conhecimento de si, é a primeira estética a aparecer. E se mostra fundamental - historicamente falando - porque sem ela as outras não teriam sido criadas, não haveria espaço para essa notoriedade; é a que carrega mais *glamour*, talvez por ter sido atribuída a Sócrates e estar inscrita no Oráculo de Delfos, também conhecido como *omphalos* - o centro do mundo, o umbigo do mundo antigo.

A frase foi atribuída a Sócrates por este prelecionar o autoconhecimento e entender a *gnothi seuaton* como estética fundamental da existência, por isso, nos escritos platônicos, em que Sócrates faz suas aparições, ele está sempre buscando o autoconhecimento.

Inclusive quando as pitonisas (sacerdotisas do Oráculo de Delfos) atribuíram a Sócrates o título de homem mais sábio do mundo, ele disse: "*só sei que nada sei*", dando a entender que a busca é perene. Nesse mesmo tempo, ele procura pelos sábios de Atenas e percebe que nenhum deles buscava esse autoconhecimento e, portanto, tinham uma visão apequenada da realidade das coisas.

Então, foi nesse momento que Sócrates entendeu o motivo dele ser o mais sábio dos homens: **ele buscava o autoconhecimento e compreendia a dimensão da própria ignorância.** Eis que nasce o primeiro grande ensinamento; base de toda filosofia ocidental.

Esse conceito é de suma importância para enxergarmos o estado atual que as coisas se encontram. O conhecimento de si é tido pela história como um dos bens mais altos. Tanto no ocidente quanto no oriente. Mas por que a filosofia espalhou as doutrinas do conhecimento de si? Porque a filosofia nasce no ocidente.

Como já dito, no Oráculo de Delfos aparece: "*ó homem, conhece-te a ti mesmo e conhecerás o Universo e os Deuses*". Algumas outras traduções são aceitas, como por exemplo: "*conhece-te a ti mesmo e conhecerás os Mistérios e a Verdade*". As lendas ensinam que os mortais que gostariam de conversar com Deuses deveriam se dirigir ao oráculo. Esse oráculo foi pensado pelos gregos para ser o *omphalos* - o umbigo do universo.

Gregos e bárbaros (não gregos) se deslocavam até o oráculo. Relatos da época insinuam que, quando havia intenção de consultar o Oráculo de Delfos, uma longa fila teria que ser enfrentada. Dito isso, apenas para citar, há também uma relação quanto à fundação das colônias - *apoikia* - pelos *oikistes* - os fundadores - e o Oráculo. Após fundar uma colônia antes do *oikistes* ser enviado à próxima, existia a necessidade de uma consulta ao Oráculo - isso acontecia pelo medo de não saber o que poderia ser encontrado em regiões distantes dos *oikos* principais. Esse medo gerava superstições, visto que nunca saberia o que poderia ser visto longe dos principais pontos; povos bárbaros, animais, regiões inóspitas: o receio pelo desconhecido sempre existiu, não havia Google Earth.

Falando um pouco sobre as palavras em si, principalmente acerca do conhecimento e do objeto de conhecer, na linguagem antiga, como o grego arcaico, existem tempos verbais que até hoje são razão de conflito entre filólogos. Dessa forma, a tradução fica cada vez mais árdua. O que é preciso ter em mente é que *gignosko* transmite um processo de conhecimento.

A ação de conhecer é *gignosko*. Todavia, existe, intrínseca nesse conhecer, uma experiência pessoal, um processo de conhecimento, conhecer emergente ou a já mencionada ação de conhecer. Historicamente, o conhecer de si mesmo determina aquilo que o ser irá se tornar, sendo que o ser não pode deixar de lado o conhecer de si mesmo porque, além de implicar no que o homem se torna, ele é incessante.

Toda concepção humana dentro de um conhecer não cessa, pois faz parte do homem ser aquilo que ele é. Isso significa dizer que se está jogando não somente com entes externos, mas irremediavelmente internos. É essa noção que está intrínseca ao processo de conhecimento, pois ele faz parte do que é o homem e de tudo aquilo que ele conhece para se tornar, para vir a ser e que nunca pode deixar de ser.

O trabalho em si mesmo não chega sequer a ser uma emergência, pois é inevitável – independentemente se bom ou ruim. Não é à toa o direcionamento para si mesmo e a atenção voltada para dimensões vitais nos mais amplos conceitos humanos – e que se tornam sensatos uma vez que se aplicam aos modos de vida – é o simples reconhecimento de um pulsar.

Os dois pontos principais desse conhecimento de si é a formação do caráter e o bem-estar do indivíduo que o busca. O conhecimento de si tem uma força enorme no comportamento, na prática do comportamento. Em todos os pensadores do autoconhecimento, é cediço que ele é o componente mais importante da formação do caráter e do cuidado consigo mesmo – segunda grande estética da existência.

O conhecimento de si, assim como as outras estéticas da existência, não é um ideal plenamente realizável. Somos destinados à incompletude. Por isso nosso trabalho em nós mesmo é perene, para sempre. E essa incompletude é essencial para gerar conhecimento no sentido que Aldous Huxley colocou: "Conhecimento não é aquilo que você sabe, mas o que você faz com aquilo que você sabe." Mais uma vez eu trago o questionamento: de que adianta conhecer se você não mudar?

Você entender que é destinado para grandes feitos, que os grandes feitos começam nos pequenos hábitos, no livro que você decide abrir para ler, no sono de que você decide não se privar, na comida que você escolhe se alimentar: isso é entender a excelência.

Não nascemos para ser ignorantes; se permanecermos assim, a culpa é nossa. O tempo de vida lhe foi dado. Se você parar para pensar, você tem tempo o suficiente para se adaptar e mudar. Da mesma maneira que você treina para melhorar a performance, você treina para procrastinar. Só que um você faz sem perceber e o outro lhe custa uma coisa que você não quer abrir mão: seu conforto.

E isso é do ocidente até o oriente: o próprio confucionismo já prelecionava que a essência do conhecimento consiste em aplicá-lo, uma vez possuído. Esse fator de pensar o conhecimento como uma ferramenta, como algo que se não tiver aplicação, não servirá para alguma finalidade, é uma coisa essencial dentro do pensamento antigo - e que nós devemos trazer à tona em um mundo imerso em informações irrelevantes e de conhecimentos que se esvanecem à medida que os dias passam.

É fantástico imaginar que os gregos foram os primeiros na história a entender sobre o autoconhecimento, sua importância, e desenhar ferramentas que ajudassem o homem no andejo cotidiano. Portanto, para eles, trabalhar o Eu é essencial para o conhecimento de si. O trabalho em si, para si, em prol de si e, assim, nos trabalhos para o Outro, porque somos seres relacionais.

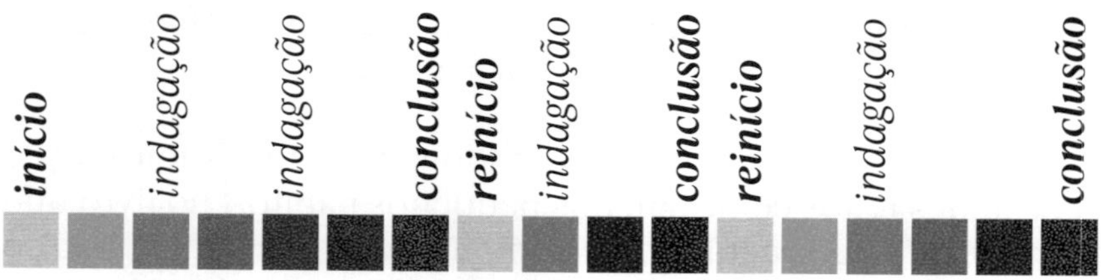

aprimoramento de si

Nos diálogos de Platão, ele explica que assim como o ser pulsa, o mundo também o faz. Platão escreve sobre isso para explanar acerca do perene processo de construção; é preciso entender esse processo infinito não como uma fraqueza, mas como uma condição para o aprimoramento de si. O homem só consegue se aprimorar porque o processo não tem fim. Se fosse possível ter um fim na evolução, esse ponto de chegada seria o fim do conhecimento de si.

Então, assim como o mundo, o conhecimento também pulsa. Esse mesmo mundo exige, e sempre exigiu, pensadores chamados de cooperativos: que inserem na carne aquilo que suas ideias prelecionam. Alguns autores argumentam que isso seria o tal retorno para os gregos que o próprio Nietzsche prelecionou.

O exercício do conhecimento de si é um sem-fim de modos de vida que podem ser criados, compreendidos como moções interiores que refletem exteriores e vice-versa. Platão deixava clara a dimensão do vivo e da necessidade de infinitamente subir degrau após degrau, dentro do processo do autoconhecimento, dessa autofabricação: "*o ser humano não dispõe por natureza em si mesmo de nada mais apropriado do que a alma para evitar o mal, localizar e aprender tudo o que há de melhor*".

A vida é um contínuo tornar-se. Gravem isso. A vida é um contínuo tornar-se tanto para o bem, quanto para o mal. Porque é a forma que lidamos com esses processos que nos faz adentrar nessa ou naquela direção. O ser orquestra sua existência perante as verdades e modos de vida que assume. A verdade como algo maleável pelo conhecimento de si: eis o ápice desse conceito.

O conhecimento de si é a primeira das estéticas da existência. A primeira a ser criada historicamente. Nós desenvolvemos a nós mesmos a partir disso, e sabe o que é mais incrível? Desenvolvemos também a sociedade - inclusive hoje uma das teorias mais aceitas acerca da construção social é a da sociedade enquanto organismo vivo.

Enquanto organismo vivo, quando você muda um indivíduo por meio do conhecimento de si, o jogo relacional começa a mudar o sistema como um todo. Por isso se faz importante agir dentro da terceira estética da existência, a qual adentraremos mais tarde (*tékhne tou biou*).

O homem que não procura conhecer a si mesmo, cuidar de si mesmo, cai no que os gregos chamavam de *stultitia,* que é exatamente o oposto das estéticas da existência. Essa palavra, *stultitia*, pode ser traduzida como tolice, em um sentido de a vida não valer a pena se você não adentrar na senda das estéticas. Porque você seria um inerte. Uma vida em que não há reflexão sobre a própria vida é uma vida desperdiçada, dentro desse panorama.

Uma vida que não faz sentido, uma vida desperdiçada, é uma vida levada ao oposto das estéticas. Um homem estulto é um homem ignorante acerca das causas e efeitos que o determinam. O conhecimento de si se opõe à *stultitia*, pois permite uma vida ético-estética; entendendo que a verdade não está lá fora para ser descoberta.

Por que é preciso ter inspirações nessa difícil senda que é conhecimento de si? Porque, como Sêneca advertia, não existe ninguém que seja tão forte para sair sozinho do estado de *stultitia*, é preciso que alguém estenda a mão para retirar outrem desse estado; é uma bola de neve que iniciou quando um primeiro homem inspirou outro a ser alguém melhor.

Voltando: não há verdade essencial, não existe verdade que o homem possa se apropriar. Ela não vem dos profetas. Ela não está inscrita em uma ordem eclesiástica. A verdade está onde se faz o sujeito; na criação de si mesmo, no paradigma da ciência. Conhecemos a nós mesmos, cuidamos de nós mesmos e criamos uma arte de viver: eis o nosso dever – ou pelo menos deveria ser, dentro do pensamento greco-romano.

Toda a noção de ocupar-se consigo mesmo faz desse indivíduo alguém diverso das pessoas absorvidas pelas coisas mundanas – *hoi polloi* –; a massa, a maioria, é feita por pessoas que não se ocupam consigo mesmas, e os gregos tinham plena noção disso. Um atleta não realiza proezas inúteis, ele se torna bom naquilo em que precisa ser bom – no dia a dia, na rotina diária, no exercício de si. Mas o mérito, em si, não está na rotina, visto que não acordamos da noite para o dia com bons hábitos, com tudo regulado, dentre outros fatores desencadeadores de uma melhora significativa na vida.

Vamos pegar como exemplo nossos exercícios diários. A rotina vem sendo um dos grandes debates da medicina, porque ao contrário do imediatismo com que se preconizava os tratamentos algum tempo atrás, hoje a aderência e a adesão no longo prazo são, de fato, os verdadeiros aliados para saúde e qualidade de vida do paciente; no estudo de 2019, "The Importance of Creating Habits and Routine", fundamenta-se a importância de haver uma adesão e não apenas uma mudança pontual.

Hoje é possível entender que isso não ocorre de um dia para o outro, por isso a constância – na tentativa de mudar o estilo de vida – é talvez mais importante que a mudança em si. Ou seja, parte do mérito consiste em buscar, ainda que haja fracasso, na mudança de estilo de vida. O mérito está nessa busca dia após dia, na constância da tentativa; é para isso que temos que tornar os olhos hoje.

Sendo assim, as estéticas são ferramentas para ajudar nessa tentativa da mudança, **no mérito que há em tentar.**

Durante muito tempo, as estéticas da existência ficaram obscurecidas diante das culturas que surgiram no ocidente; desvirtuando/deturpando, inclusive, sistemas de pensamento que erigiram grandes feitos, como o aproveitar a vida - o *carpe diem* -; a cultura enquanto sistema normativo fez com que muito fosse perdido nesse andejo singular, os próprios aparatos como educação e justiça reduziram a importância do trabalho de si porque delegaram a função da constituição das subjetividades ao aparato preexistente - uma educação uniformizadora, por exemplo. Ou ainda a mídia elencando figuras pitorescas para delinear alguém com uma vida invejável: galãs dirigindo carros velozes, fumando seu cigarro, dentro de ambientes - pensando em saúde mental - insalubres; tudo isso contribuiu para que houvesse um verdadeiro desastre quando o *hoi polloi* resolveu reproduzir em seu dia o que via nas telas das mídias.

O retorno para as estéticas da existência, nesse primeiro momento do conhecimento de si, é inscrever a criação na própria vida. É pensar um possível longe de arcabouços transcendentais ou condicionado por aparatos normativos da sociedade. Fugir dessa quase imposição que nos foi colocada como uma vida "legal". Por exemplo, quem carregou a humanidade nos ombros não foi o cowboy da Marlboro. Mas uma parte da força feita foi por um renegado, polidor de lentes, que viveu a vida em um sótão completamente abandonado pela moral e os bons costumes da época: eis Spinoza.

Dito isso, a *bíos*, a vida, é o material de nossa obra estética. Esse retorno resgata a vida para ser trabalhada como obra de arte. Mas isso não é uma obrigação, é uma escolha pessoal da existência de cada um. É um conselho e assim deve ser encarado, todavia não há outro modo de chegar à excelência, não nesse mundo, pelo menos. Não há excelência fora do exercício em si.

Os pensadores que trabalharam advertem para quanto isso é longo e penoso, não querem delegar um outro lugar para a subjetividade, mas sim vincular a subjetividade a si mesmo, retorná-la para o lugar que ela deve partir. O conhecimento de si deve partir de si mesmo ainda que não somente de si dependa. Nós sabemos o que faz bem para a saúde mental, sabemos o que contribui para nós enquanto seres, a ciência nos propiciou isso. Temos a junção perfeita da filosofia com a ciência, sabemos como organizar nossos pensamentos, mas não podemos organizá-los se negligenciarmos a saúde que necessitamos para tal.

A vida, em geral, não deve ser o caos. O caos deve ser colocado em pitadas em uma vida organizada. A existência do homem, sua vida, depende da ordem. Somos sistemas auto-organizados no emaranhado de caos do universo - em um universo em que a entropia só aumenta. É preciso colocar esse caos em conta-gotas na existência diária; isso já é o suficiente para o processo criativo que as grandes mentes buscam, precisamos do equilíbrio entre caos e ordem, por isso, as estéticas da existência se mostram ferramentas fundamentais quando pensamos em excelência. A capacidade de uma existência só floresce quando a ordem e o caos ocorrem de maneira simultânea, talvez tenhamos perdido muito enquanto humanidade por não entendermos a importância disso.

Não se trata de se afastar do mundo, ou pensar em si mesmo como algo único ou especial. Mas sim de saber entender nosso lugar no mundo. O sujeito colocado como sujeito de ação deve agir, deve entender a relação de si com o mundo. Por isso, jamais uma estética da existência vai gerar uma inatividade ou nos fazer isolar de uma comunidade, a relação privilegiada consigo mesmo nos permite, nos faz permitir, descobrir a nós mesmos como membros de uma comunidade humana e agir nela, regular nossa atividade perante a ela, tendo os olhos em nós mesmos. Nós devemos ser o alicerce para uma fundação mais nobre, um porvir que só é possível ser melhor porque somos capazes de nos conhecer, de nos cuidar e ter nossa existência como arte para inspirar. Há muitos usando o mundo como alicerce e poucos querendo construir alicerces para o mundo.

construindo um caminho, alicerce.

→11

epimeléia heathou

(cuidado de si)

A segunda estética é marcada pelo cuidado consigo mesmo, com o corpo, com a saúde, enquanto construtores de uma condição ideal para um ser humano desenvolver seu potencial máximo - ou estar perto disso. Só pode procurar a verdade alguém que zela por si mesmo. As práticas de si surgem como alternativa em um ambiente onde antes o sujeito aparece como subjugado por práticas e técnicas normativas. Elas servem para apresentar para o ser humano a capacidade de autoconstituição de um governo sobre si mesmo.

A *epimeleia heathou* - o cuidado de si - é uma atitude que o homem toma perante ele mesmo, perante a comunidade, os outros - de maneira abstrata - e, portanto, perante o mundo. Tanto nos textos de Sócrates, como em Gregório de Nissa, o cuidado consigo mesmo, o conhecimento de si mesmo, tem um caráter produtivo, no sentido de ser sempre proveitoso e nunca ser um desperdício. Interessante notar como esse cuidado era precioso mesmo nos textos de religiosos.

Percebam como é paradoxal pensar o cuidado de si: em um primeiro momento, ele pode parecer algo egoístico, dotado de uma vaidade ou ainda de pensamentos que, a priori, seriam eivados de condutas pertinentes somente a si. Contudo, depois que paramos para pensar no que isso reflete diante do nosso ambiente e do que vivemos, é fácil perceber como conseguimos influenciar positivamente a comunidade e os outros - novamente de maneira abstrata - quando tornamos os olhos para nós mesmos, nossas condutas, nossos vícios e colocando o aperfeiçoamento de nós mesmos como categoria central da existência.

Essa capacidade de autoconstituição se dirige contra a ideia de um sujeito substancializado e predeterminado cartesianamente. Isso é uma superação do dualismo em que há separação entre sujeito e objeto. As práticas de si são, portanto, cotidianas e escancaram sujeito e objetivo conectados de maneira inseparável.

Em alguns escritos, a segunda estética é colocada como *epimeleîsthai heatoû*, e esse *thai*, na palavra, advém de *melétai* (*meletân meléte,* que também associavam à palavra *gymnádzein*); essa palavra significa, basicamente, exercício de ginástica, exercícios militares, fisicamente árduos, treinamentos duros para melhorar o físico e a performance. Muito além de uma atitude de espírito, era algo físico, cotidiano, aplicado e regrado. Somente no vocabulário cristão do século IV (pós-concílio de Niceia) que a parte física é afastada do termo.

Cumpre salientar, nessa altura do presente escrito, que Demócrito talvez seja o pensador que melhor sintetizou a segunda estética, quando escreveu acerca do homem e da saúde; ele diz que os homens rezam para Deus por saúde, ignorando o fato que eles têm esse poder neles mesmos; agem de maneira contrária, traindo a saúde com seus próprios desejos.

A segunda estética versa, portanto, no cuidado que nós temos, ou deveríamos ter, com nossos próprios corpos. A escolha dos alimentos, a prática de exercícios físicos, o ambiente que nos circunda, bem como a própria prática espiritual - independentemente de crença: tudo isso diz respeito à essa segunda estética da existência.

O cuidado de si advém como ferramenta necessária para a constituição do sujeito, visto que em um ambiente contaminado **as coisas florescem com dificuldade ou sequer chegam a florescer.**

A moral grega respeitava o caráter individual da conduta, a escolha da maneira como cada ser iria levar sua vida era totalmente pessoal. O trabalho sobre a própria vida seguia isso também, sem nenhum caráter de norma, sem nenhuma normatividade culturalmente falando.

A ascese, já trabalhada aqui, é a categoria constitutiva do *êthos* (ética), que implica também na relação consigo mesmo no sentido de cuidado. Essa relação consigo mesmo importa também como relação com os outros, porque eles tinham muito forte a ideia de comunidade - curioso notar o respeito pela individualidade, mas o forte senso de comunidade greco-romano.

Os modos de vida, no cuidado consigo, implicam em uma sociedade de diversas maneiras. Em nosso caso, por exemplo, a diminuição da lotação em hospitais públicos, bem como a redução dos gastos em medidas paliativas; o cuidado de um, importa para todos. Apesar de isso ter nascido na Grécia - inclusive por conta de os soldados precisarem estar preparados para a guerra -, o modelo é facilmente aplicável na sociedade hodierna.

Esse modo estético de ver a ética tem como característica a experimentação e a capacidade de autocrítica, pois os membros da sociedade refletiam sobre suas práticas diárias e suas condutas; se eram estas ou aquelas condizentes ao que ele esperava de si mesmo em breve - lapso temporal - ou não. A transformação de si mesmo, então, ocorria como algo subsequente à transformação dos hábitos. Primeiro as condutas, as práticas diárias, posteriormente, a transformação de si.

Pode-se dizer que esse trabalho estético é permeado pelo exercício de buscar relações do ser consigo mesmo - um bom ambiente, por exemplo. Cuidar de si mesmo se torna essencial para conhecer a si mesmo. Quão claro podemos ver com maus hábitos? Com um sono prejudicado? Com pensamentos desordenados? Nossa própria percepção acerca de nós mesmos é prejudicada quando os hábitos não são condizentes com aquilo que designamos como saudável - fisicamente e mentalmente falando.

O cuidado de si percorre toda filosofia grega, a helenística e a romana (terminando nos estoicos). A *epiméleia heathou* é esse conjunto de práticas e hábitos que definem um modo de ser ou modos de vida; uma atitude, formas práticas de reflexão, meditações - são exercícios práticos da subjetividade; eles são a própria prática subjetiva, o *skin in the game*.

Nos próprios textos de Epicuro já havia uma forte ligação entre o cuidado de si e o cuidado da própria alma - aquele que abandona os cuidados ao corpo, abandona também os cuidados à alma. O cuidado de si, das práticas do corpo, da saúde e da performance são necessárias, em Epicuro, à filosofia e à busca da felicidade - entendendo felicidade como exercício da virtude (agir com excelência) - isso mais tarde é subvertido pelos ideais metafísicos ou de recompensas extraterrenas prometidas pelas religiões. No período conhecido como Idade das Trevas, isso se torna ainda mais latente, o abandono desse cuidado com o corpo, consigo mesmo, com as práticas, em detrimento dessas promessas que não colocavam diante da vida, não havia necessidade de construir, apenas de usufruir.

Para o cuidado de si, note-se que esse cuidado independe da idade: jovens ou velhos, se quisessem melhorar seu espírito, seu corpo e alcançar a excelência, deveriam cuidar-se de maneira contínua. A única diferença é que os jovens o faziam para se prepararem para a vida - aqui nasce a *paraskheué* como prática de si, a ideia de preparar-se, equipar-se diante dos desafios que surgiriam na vida de um jovem.

Já os velhos cuidavam-se, ou seja, praticavam o cuidado de si, para rejuvenescer, desacelerar o tempo, voltar ao tempo por meio das atividades que o permitissem manter a força, a cognição e a saúde mental, exercitando, assim, o autocuidado em prol do conhecimento de si e o envelhecimento sadio.

Na escola pitagórica ainda encontramos indícios de práticas diárias, exercícios de memorização, para manter a saúde mental. Dentre esses exercícios, encontramos o exame matinal, que consiste no sujeito elencar no período da manhã as tarefas que deveriam ser realizadas ao longo do dia. E o exame noturno, esse consistindo no ato de relembrar o que havia ocorrido no dia e o que poderia ter feito esse sujeito para melhorar diante do que lhe ocorreu, é bem provável que sejam esses exercícios da escola pitagórica que influenciaram o estoicismo tardio.

Falando nos últimos estoicos, em Sêneca e em Marco Aurélio há uma urgência do cuidado de si, uma pressa que o sujeito deve ter em analisar suas condutas e práticas diárias; bem como a qualidade de seus pensamentos e leituras. Já Epicteto desenha uma elaboração mais nobre do cuidado de si; em seus Diálogos, o homem aparece como um escolhido que tem o poder do cuidado de si.

Basicamente, o homem tem como ferramenta para a existência o cuidado de si, essa ferramenta é um superpoder adormecido, jaz no homem e só desperta se assim for buscado - não há nada para o ser humano na inércia, o movimento de nossos pensamentos e de nosso corpo sempre foi constitutivo do que precisamos para trabalhar em nós mesmos. Os outros animais nascem com tudo que é preciso para sobreviver, já o homem deve cuidar de si mesmo, zelar por si mesmo, fazer uso de si - a consciência para ser a dádiva que nos permite examinar a própria vida e dirigir nossas condutas para aquilo que temos como finalidade, ou que buscamos como finalidade.

Em Epicteto, então, esse cuidado de si é um privilégio-poder, uma obrigação e um dom, que assegura a nós mesmos sermos o mármore e o escultor; esses poderes dão para o homem uma independência diante de tudo aquilo que não é necessário para a vida – como uma preocupação ou uma ansiedade. O que nos afasta da vida, da vida de hoje, não nos é necessário. A excelência parece distante quando os inimigos da vida nos tiram de onde a vida tem que estar: no presente.

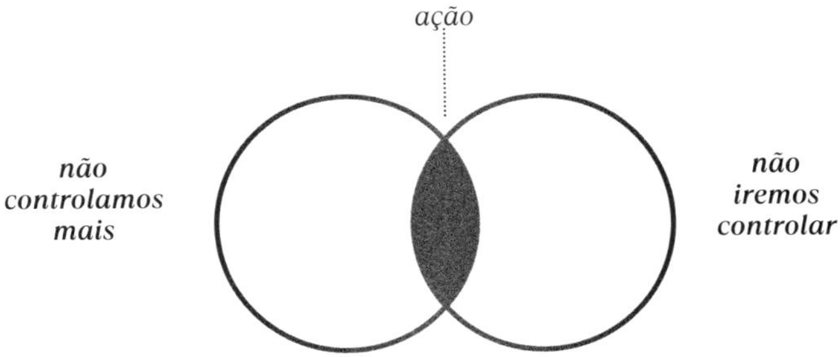

Reiterando que esse ocupar-se consigo mesmo não é trabalho fácil, um deleite ou algo que é objeto de desejo. É a disciplina, os cuidados com o próprio corpo, exercícios físicos que capacitem aos seres humanos força, satisfação das necessidades diárias e básicas. É um trabalho árduo, diário, que deve ser realizado dia após dia de maneira que o homem possa se tornar aquilo que diariamente se prepara para ser: seja um filósofo, um guerreiro ou um atleta.

Tais exercícios e meditações estavam sempre em um sentido de agir no mundo, uma atitude de si para si e para os outros vislumbrando a ideia de ser relacional. Essa ideia relacional vai ao encontro do cuidado de si atrelado à ética. Existe toda uma ética incorporada no conceito.

Não significa, todavia, que a ética seja o próprio cuidado de si. O *êthos* (ética) tem sua própria atuação na transformação do sujeito; em um sentido de que o *êthos* seja o que faz ser possível a aplicação do cuidado de si no homem. Um homem só pode cuidar de si mesmo, transformar a si mesmo, porque detém o *êthos*. O próprio Heráclito reforça isso na sua famosa sentença *êthos anthropos daimon* (o divino que habita no homem). Essa força divina é o que propiciaria o poder de transformação no indivíduo.

Então, esse *êthos* é a força e a representação dessa força que se traduz pelos hábitos, pela excelência, pela maneira de caminhar, pelo modo como um homem se porta diante da adversidade, da coragem, bem como sua saúde física e mental; o homem que tem um bom *êthos* é o homem que pode ser admirado e colocado como exemplo para os demais. Porque ele exercita a autodeterminação e, portanto, a liberdade.

Existe uma íntima relação, portanto, entre o cuidado de si, a liberdade e a ética. Porque se tinha a dimensão de que as práticas de si caracterizam esse cuidado dos sujeitos e, portanto, o cuidado com os demais. Alguém que se cuida não se cuide somente para si, mas também para os outros. Sejam esses seus familiares ou sua comunidade; por isso a sociedade respeitava aqueles que tinham excelência nas práticas de si. Um estudo feito em 2023,"Fasting for 20 h does not affect exercise-induced increases in circulating BDNF in humans", comprovou que a BNDF, uma neurotrofina que tem como principal função a proteção neuronal, além de atuar na neuroplasticidade - é a neurotrofina mais ativa no controle e estimulação da neurogênese -, não é afetada pelo jejum prolongado; todavia, esse mesmo estudo nos revelou algo muito mais interessante: pouco exercício físico de alta intensidade melhora, e muito, a BNDF. Memória e sono estão intimamente ligados ao exercício físico de alta intensidade, nesse caso. Mesmo com um tempo muito baixo diário é possível ter efeitos benéficos em memória, sono etc.

> **Pensando de maneira rasa, evolutivamente falando, o exercício físico foi determinante** para chegarmos aonde chegamos enquanto civilização; **e assim será para a mantença disso por centenas de milhares de anos,** pelo menos.

Não seria uma questão de escolha pensando em performance seja qual for o campo - isso vai ao encontro do que foi falado anteriormente sobre a inércia não nos ser pertinente para a contemplação da vida, mesmo do que ela pode ser e do que pode se tornar.

Portanto, o cuidado de si é a estética da existência que mostra que o ocupar-se consigo mesmo não é uma mera preparação para nada, não é algo momentâneo: é uma forma de vida. Um estilo de vida que deve se perpetuar porque quanto maior o tempo de trabalho em si, maior a recompensa.

Dar conta da própria conduta acerca dos pensamentos e do corpo, pequenos movimentos diários na direção do aperfeiçoamento da física e da mente contemplam essa segunda estética. Para os gregos, nunca será cedo demais e nem tarde demais para cuidar de si. E a grande conquista do pensamento helênico é a dimensão humanista da vida: cuidar de si para criar a melhor das vidas possíveis.

Pode-se dizer mais, que a *epimeleia heathou*, portanto, se mostra como o estilo de vida que tem como objetivo a saúde para melhorar a performance, seja ela física ou intelectual. Hoje as neurociências têm papel importante em melhorar e delegar à ciência quais são as melhores práticas que podem ser feitas para aperfeiçoar a si mesmo.

E tudo isso está conectado: nossa alimentação com nosso exercício físico, por exemplo; não posso escolher um ou outro, porque esse um afeta os demais. A excelência do cuidado de si é realizada quando eu opto por aquilo que me torna mais capaz. Por exemplo, um artigo intitulado "A microbiome-dependent gut-brain pathway regulates motivation" *for exercise* adentrou na seara das motivações para a prática de exercícios físicos; esse estudo demonstrou uma ligação entre intestino-cérebro. O aumento de sinalização de dopamina durante o exercício físico está ligado à qualidade da microbiota. Então deixar-se afetar negativamente sabendo como podemos melhorar a microbiota é algo contraintuitivo se pensarmos em alta performance. Um dos grandes dilemas da filosofia sempre foi o problema corpo-mente, esse problema vem sendo paulatinamente solucionado pela ciência quando há estudos como o supracitado, porque é cada vez mais perceptível que somos indissociáveis. Ou seja, tudo que nos afeta enquanto corpo, afeta enquanto mente porque não há um grau de separação entre corpo e mente.

→12

a tékhne tou biou

(a arte de viver)

Chegando na terceira e última estética, a essa altura já poderíamos ter uma noção da dificuldade que é trabalhar o conhecimento de si mesmo e o cuidado de si. A terceira e última estética pode aparecer como o resultado disso. Essa terceira estética pode ser traduzida como a arte de viver. Essa arte deve ser entendida como a criação de algo único; uma beleza única na existência. A criação de um modo de vida que seja inspiração para outras pessoas: isso é a *tékhne tou biou.*

Essa estética se dá pelo exercício de si, muitas vezes entendido concomitantemente pela busca de um Deus (?) e da diferença - percebendo a diferença como aquilo que gera evolução. Dentro de uma ciência, por exemplo, a arte de viver poderia ser elencada como a sabedoria, algo idealizado. Cumpre notar que nesse nível não existe separação entre uma busca pelo divino e/ou pela liberdade - de maneira incessante, porque a liberdade do homem, ou sua medida de liberdade, só é possível pelo aprimoramento de si mesmo e este deve ser perene - visto que as coisas do mundo, tudo aquilo presente neste universo é fluido, está sob a lei do devir.

Isso ocorre porque um cessar no conhecer é visto como uma impossibilidade do homem ser o que ele é - um buscador, alguém que está sempre em um constante tornar-se -, como Píndaro assinalou. Nesse meio de contínua obra, a arte é entendida como potência de ação: um intuito, um despertar em que um eu atribui um sentido, para que ele mesmo encontre o que procure e, a partir dessa descoberta, possa inspirar outras pessoas.

A concepção de arte da Grécia é bem diferente da modernidade. Arte da existência, de viver, é baseada no cuidado de si, no conhecimento de si; um cuidado pleno com cada ação, trazendo uma dessas ações para o campo da prática, da vivência -

uma existência única e singular derivada de um profundo aprimoramento de si mesmo: o sucesso depende de esforço.

A construção de um artista é, no sentido da estética, a construção do próprio ser, seus modos de vida: a preocupação com essa construção no sentido de ser essencial à autodeterminação e ter a disposição e o esforço para tal. Paul Veyne escreveu que a palavra *kalos* em grego, muito utilizada para se referir à terceira estética, tem o significado de algo bom ou algo do bem.

O problema geral a ser respondido pela terceira estética não era exatamente como viver. Isso fica claro em Sócrates e Sêneca: eles não se preocupavam com a vida depois da morte, na procura de uma recompensa ou ainda na salvação, não importava, para eles, a existência do céu ou do inferno. O problema dessa estética sempre foi qual a técnica (arte) que eu devo desenvolver para desenvolver a possibilidade máxima de uma vida; ou melhor, o máximo que dessa possibilidade eu possa alcançar.

Esse modo de vida buscado na terceira estética é o que permite ao homem escapar, de fato, da mediocridade que onera a maior parte da humanidade; com um importantíssimo adendo: sem ceder à tentação dessa busca decair em uma transcendência metafísica e ilusória, em que seja possível de responder qualquer anseio e busca. Isso ocorreria porque, nós sabemos, toda busca eterna é agoniante, ansiogênica; mas é nela que devemos construir os alicerces para o que podemos nos tornar enquanto seres que buscam. A dificuldade dessa busca não deve ser vista como adversidade, deve ser vislumbrada como sua fundamentação.

A busca é uma possibilidade, nossa única possibilidade diante da vida para escapar, nem que seja por um momento, ***da morte que nos persegue.***

Importa salientar que a arte surge por essa experimentação dessa possível liberdade ou de liberdades possíveis dentro da nossa ausência do livre-arbítrio. O artista não tem modelo a seguir quando pinta um quadro ou cria uma criação. Para Foucault, inclusive, quando se está diante do novo - a arte de criar - se está de fronte à liberdade ou, ainda, uma medida de liberdade é indispensável; como se fôssemos mapeáveis de fato, mas o novo só será possível de mapear depois da criação - até lá é singular, é único, é uma arte.

Fazendo uma importante distinção etimológica, é interessante notar que a própria palavra ética é vinculada seguidamente *à tékhne tou biou.* Isso ocorre porque ela expressa uma forma de existir no mundo. Entendendo a ética, é possível entender melhor a terceira estética. Ela tem origem no grego ***ethos***, todavia comporta duas formas de ser escrita: *êthos* (com eta) e *éthos* (com epsílon). A breve análise de ambas as grafias é essencial para poder explicar por que não se pode pensar uma ética sem o respeito à regra de ouro que contempla a maior parte das religiões. Quando se escreve a palavra ética no formato de *êthos,* ela tem por significação o sentido de caráter, índole ou, ainda, o lugar onde se habita.

Lugar onde o homem habita, onde seu real se manifesta - o comportamento mais verdadeiro. Mais do que qualquer encontro ou constrangimento é isso que o diferencia, que contém sua essência. Enquanto o éthos (moral) é o social; o dever de um homem diante do social - seu comportamento no *socius*. Aqui, remonta-se o *êthos* (ética) para o século VII a.C. em Homero. Enquanto o *éthos* fica, basicamente, acordado na tragédia grega com seu fundador Ésquilo.

Ambas as palavras derivam de uma raiz comum que é *sfeth*. As duas formas representam uma sabedoria: a primeira - ética - detém um caráter pessoal, individual, presente na natureza do ser, por sua vez, a segunda - moral - é a sabedoria de um hábito, de algo corriqueiro que se apresenta em um meio. É por isso que várias vezes a ética é colocada como representação da terceira estética.

multidão, ressoar conhecimento

No fragmento 116 de Heráclito é possível encontrar uma passagem que vai ao encontro do que acabamos de tratar: "todos os homens participam do autoconhecimento e do pensamento sólido"; vamos lá, todos os homens, para Heráclito, compartilham a potência do autoconhecimento, da construção de si. Isso é inerente à natureza humana. Somos seres capazes de se aperfeiçoar e essa, talvez, seja nossa principal característica. Por que potência? Porque não é algo inato, é algo passível de ser desenvolvido; existe uma grande diferença nisso: a possibilidade de pensar, se aperfeiçoar e ser. O autoconhecimento é treinável, tudo no ser humano é treinável, não apenas nossos músculos.

A necessidade da evolução de si e do conhecimento é visível em todo pensamento antigo, pois diante daquilo que nos torna capazes - *pròs daímonos* -, para Heráclito, o homem é apenas uma criança, da mesma maneira que a criança é diante do homem. Esse mesmo homem, mesmo o mais sábio dos humanos, é diante do Todo que constitui o universo - *pròs theón* - um ser menos evoluído.

Na utilização dos termos *daímonos* e *theón*, pode-se extrair que, diante daquilo que o constitui, o ser humano não possui um modo próprio de ser inerente às suas faculdades constituidoras. O homem é, então, uma construção - autodeterminação - de uma condição que possa atrelá-lo à sabedoria e ao destino. As estéticas da existência são a contribuição para o homem conseguir alcançar aquilo que ele pode, dentro de um jogo; a vida como jogo é, para Heráclito, um dos grandes segredos da filosofia.

Sendo assim, a realização da grandeza, da felicidade, entendendo-a como o exercício da virtude, nasce do modo como cada um conduz sua vida. A sabedoria que reside no exercício prático, cotidiano, na atuação da vida contínua, presente e que sempre caminha inexoravelmente na direção de um porvir que nunca tenha sido possível alcançar.

Dentro da terceira estética, o conhecimento se apresenta como um governo de si-mesmo que nos traz medidas de liberdade para a criação de nossos modos de vida, dos modos de ser.

Liberdade não está no deleite da vida, está no controle dela. A ética dentro das estéticas da existência não diz respeito à autonomia que provém da ética. É uma responsabilidade diante das atitudes tomadas que dela provém.

As estéticas da existência, como outras partes do pensamento do homem, condizem com uma arte (no sentido dessa terceira estética) com arranjos e discussões de objetivos convergentes dos homens por eles mesmos. Foucault errou em romantizar a terceira estética, colocando-a como uma forma de prazer interno. É a dureza interna, o sentido de arte não é o sentido atual, o sentido de arte da terceira estética é o sentido de criação única que carrega, em si, o progresso de todos os indivíduos que possam ser afetados por essa criação – por isso se usa o termo inspiração.

O mero deleite não é concebido, e não pode ser sequer imaginado, como caráter fundante da ética presente nas estéticas ou ainda como mecanismo para alcançar uma liberdade; é o oposto! Não se trata de um poder metafísico que afasta a vida, é algo que aproxima ainda mais o homem da visão humanista dessa vida, a construção perene.

Durante diversos momentos históricos, os homens procuraram um messias para justificar suas condutas, isentar suas responsabilidades e delegar aquilo que eles podiam porque é extremamente difícil assumir a responsabilidade sobre a própria vida; as estéticas são as ferramentas para isso. As estéticas são o próprio messias; os dogmas e os mandamentos desse messias são o próprio porvir, o exercício do homem em si em direção ao aperfeiçoamento.

Somos perfectíveis, capazes do aperfeiçoamento, esse é nosso instinto. Entretanto, não é uma meta a ser alcançada, não há ponto de partida - visto que não dominamos toda nossa vida - e nem ponto de chegada - porque em um limite está escondido outro. Muitos poderiam questionar: "é possível haver crença?", crê-se na potência de agir diante daquilo que somos, em prol daquilo que podemos nos tornar.

Possibilidades incessantes, heceidade que nos impulsiona por essa busca de uma arte única, de uma vida única. Não é possível parar, não é possível alcançar o topo, há somente subida. A arte de viver, enquanto estética da existência, é pura produção de um modo de agir único. Em Plutarco e em Dionísio de Halicarnasso existem palavras que expressam isso: *ethopoieîn, ethopoiía e ethopoiós.*

Vejam a força da palavra *ethos* + *poiese*: produção de *êthos*, modificação dele, da própria maneira de existir e viver do ser. Produção não é cópia, porque para a terceira estética isso não basta. Se somos únicos, fórmulas prontas não seriam o suficiente para garantir nossa evolução e muito menos a evolução da humanidade como um todo. A característica da não mediocridade é a excelência que é encontrada na vida cotidiana de cada homem.

Criar é excelência. Somos espectadores e absorvemos o mundo como uma esponja; mas em toda absorção há uma resposta peculiar, com base em todas absorções e potencialidades.

Criar é, sim, a excelência.
Diferenciar-se não é jogo de mímicas,
é a conquista de um viver.

A terceira estética é devir puro e vivo na forma de um possível que se identifica no eterno tornar-se. Contemplação vívida do mundo que o circunda e do mundo que será transformado a partir da nossa criação. Não existe estilo de vida mais certo. Coloca-se a terceira estética em puro devir justamente porque não há molde que comporte um modo de vida predeterminado. Nós somos suscetíveis às predeterminações, mas as criações que se buscam em uma arte de viver são, em essência, únicas.

Depois de ler isso, como proceder com nossa vida? Essa não é uma pergunta genérica para você dizer como você está se sentindo nesse momento ou quais são suas angústias. É um questionamento crucial para entender: qual é a vida que estamos vivendo? A arte de viver é o que você descobre, o que você trabalha e o que você desenvolve em uma contínua obra, um obrar, em seu mundo e como você se guia de maneira consciente com essa experiência mundana que se amontoa à medida que você caminha.

Quando emerge um eu, emerge um mundo. Nós somos o ambiente, o ambiente é formado, indissociavelmente, pelo que somos - a soma do mundo com o eu. Esses processos que ocorrem, essas perturbações entre sistemas (eu e mundo) são infindáveis e não conseguimos dar conta de tudo que experienciamos e absorvemos.

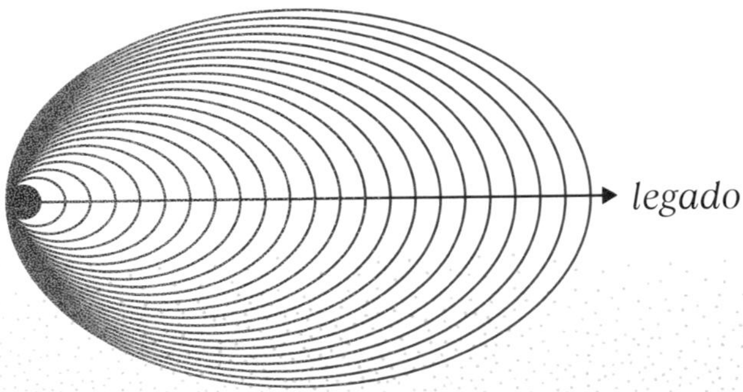

Essas perturbações que ocorrem da interação com o mundo (ser é estar em relação e, portanto, ser perturbado é uma condição para a vida e para a organização de tudo que vive) são impossíveis de serem estancadas. A mesma perturbação que é necessária para lapidar uma pedra preciosa é a ferramenta para moldar o homem.

Toda arte de viver é resultado da quebra de homeostase (ficar o mesmo, em grego). Não fomos feitos para a mesmice, não fomos feitos para o conforto e não fomos feitos para a mediocridade. A excelência é a busca. A despretensão do medíocre pode ser vista na despretensão com o próprio futuro, com o desdém do trabalho em si e na imediatidade com que busca o prazer e a felicidade.

Somos mais medíocres que desiguais. O conhecimento é a chave para utilizar a vitalidade na direção de uma potência criativa. Nós sabemos o que precisamos fazer. Como já dito nesse escrito: agir com excelência. Agora e não amanhã. A vida intensa é a vida vivida por si, no aperfeiçoamento de si.

A arte de viver não trata de perpetuar a vida, perambular por ela: se trata de a efetivar. Na efetivação da vida existe a produção da eternidade - da inspiração, do legado. A morte conserva o homem, a vida quer o efetivar. A vida pertence aos que efetivam a existência.

Cumpre esclarecer que não existe uma estética da existência melhor ou mais importante que a outra. Elas são partes de um mesmo arsenal, ainda que sejam partes com nomes diferentes, precisam uma das outras para o objetivo final que é constituir o sujeito. Não devemos esperar que o mundo nos construa, devemos assumir as rédeas dessa construção. Só o *stultus* (o tolo) não se ocupa consigo mesmo; não se ocupando consigo mesmo, o mundo fará dele um tolo, além de ser tolice não procurar constituir a si mesmo.

→13

E assim, somente quando o conhecimento produz ação ele, *de fato*, é *conhecimento*

Tudo o que fazemos em nós, reflete no social. No próprio período helenístico, havia um consenso de que o exercício em si é um exercício pelo outro. E assim que há a inspiração; talvez esse seja o altruísmo de fato: trabalho em mim para refletir no outro, visto o caráter relacional da existência. Inspirando outros, meu trabalho alcança a excelência, a terceira estética.

A autoajuda simplificou demais a sua fonte, que é a filosofia, e se perdeu nesse caminho.

Não é fácil, tampouco é simples. No intuito de tornar acessível, acabaram tirando toda riqueza; não há e não pode haver um catálogo de formas existenciais. É convidativo fazer um manual de vida em cima de uma filosofia como a de Nietzsche ou do próprio conhecimento de si. Mas há uma perda gigantesca para tornar isso palatável.

Entretanto, as novas ciências tendem a ampliar os horizontes para incluir a experiência dos seres humanos e a própria transformação dessas experiências: existe uma dificuldade enorme nisso e a filosofia vem para ajudar. Os corpos, como afirma Merleau-Ponty, são estruturas físicas e experienciais; algo externo e interno, biológico e fenomenológico.

Afirmamos, com Merleau-Ponty, que a cultura científica ocidental requer que vejamos nossos corpos tanto como estruturas físicas quanto como estruturas experienciais vividas – em resumo, como algo que é tanto "externo" quanto "interno", tanto biológico quanto fenomenológico. O mundo e o sujeito são inseparáveis.

Michel Serres diz que nosso "eu" não pode fazer nada quando afirmamos que nosso corpo não vive em um único modelo, em um único espaço. Passamos e vivemos em múltiplos espaços, coexistindo, acontecendo, andando e (re)construindo como o Navio de Teseu. Temos um espaço euclidiano - um espaço dimensional, geométrico -, em outro espaço nós amamos, em outro estamos escutando, perpetramos espaços fechados, em outros estamos em espaços abertos, em alguns espaços buscamos a religiosidade e até a encontramos. Percebam como é difícil, como é um desafio manter-se orientado nesses múltiplos espaços. Essa recíproca dependência do eu com o ambiente que ele opera. Nisso, não é a soma das partes que produz o todo; e sim o todo opera sobre cada uma das partes, sendo que as partes dependem de todo e o todo das partes. Como disse Nietzsche e de outra forma também Goethe: não há nada na pele que não está nos ossos.

Tudo isso parece demasiado complexo, não? O neurocientista Francisco Varela já era contundente ao afirmar que a história do autoconhecimento deve ser devidamente explorada, porque ela pode entregar a direção que as ciências cognitivas - pensando nelas como novo fenômeno - devem tomar. Nós delegamos à ciência - de maneira correta - a autoridade de explicar, mas têm-se que tomar cuidado quando ela se esquiva de observar a experiência cotidiana, imediata. Está ocorrendo uma aproximação e isso deixa o futuro transparecer certa esperança. Por exemplo, encontrar o mundo como matéria dentro de um determinado espaço sem levar em conta a experiência de um pôr-do-sol acompanhado de quem se ama ou ainda o relaxamento que ocorre depois de uma atividade física: sim, nós podemos explicar o porquê de isso ocorrer, mas a experiência vivida sempre é única; a experiência subjetiva domina a estrita designação da ciência. O comportamento, as ciências comportamentais, sempre irão exprimir possibilidades exatamente por isso. E nós não podemos perder isso, porque é a riqueza que nos trouxe até aqui.

Historicamente, nós somos criativos para criar razões medíocres na tentativa de dirimir a miséria da existência - nossos *likes*, nossos seguidores. Delegar nossa tranquilidade da alma à reação do Outro é o hino do fracasso. Reações nunca serão suficientes para preencher o vazio deixado por não trabalharmos naquilo que podemos ser. Por isso, quando lhe perguntarem "o que é a vida?", saiba que essa resposta só pode ser dada por você; as estéticas da existência são ferramentas que o ajudam na construção.

Por exemplo, é preciso meditar sobre a morte. É preciso fazer os exercícios, como o de Sêneca para Lucílio: viver um dia como se fosse uma vida. Fazendo isso, podemos adotar uma visão do alto em nossas atividades diárias, no fluxo dessas atividades, quais têm importância, quais não têm; viver esse dia como se fosse uma vida ajuda a encontrar aquilo que nos é importante.

Além dos atos isolados, qual foi o conjunto dessa vida? Somente no final desse dia podemos nos dar conta de como foi nosso progresso em relação a nós mesmos. Saberemos se nossa virtude está nos lábios ou no coração, como diz Sêneca. Adotar o pensamento sobre a morte é dar valor ao presente. É recortar os instantes de vida que nos fazem evoluir e quais nos fazem involuir. Sendo este teu último dia, você usaria menos ou mais as redes sociais? O nascer do sol em uma atividade física o prepararia para seu último dia melhor que o Instagram?

Um artigo de 2022, "Emotions and Digital Well-Being: on Social Media's Emotional Affordances", buscou demonstrar como é importante nós termos cuidado com o uso das redes sociais (Social Media Technologies). Principalmente por elas afetarem nosso bem-estar; evolutivamente falando, nós não estamos aptos - no melhor uso que seja possível fazer dessa palavra - para utilizarmos as redes sociais sem que ocorra algum dano ao nosso próprio bem-estar, estamos sendo perturbados por um sistema recente que, na evolução, não fomos preparados. Repensar o uso e, também, fazer o melhor uso possível: a informação está disponível, ela é como um machado, nós podemos usar para rachar a lenha ou acertar alguém na cabeça.

O Navio de Teseu merece tábuas melhores que as antigas, ainda que permaneçamos os mesmos, somos capazes da mudança, esse é o paradoxo que nos motiva ao aperfeiçoamento. Antes de um cogitar, o mundo é um viver. O mundo assume formas diferentes do que aquelas que vemos a distância, magicamente sendo transformado por aquilo que vivemos de perto.

Se estamos presentes em nós mesmos, estamos presentes no mundo. O ser é o sustentáculo do mundo e o mundo, o do ser. Esse entrelaçamento propicia entender que viver é compreensão de si e do mundo, sem separação.

Se conheço mais a mim mesmo, conheço mais o mundo. **Se cuido mais de mim mesmo,** cuido mais do mundo. **Se transformo minha vida em uma arte,** inspiro o mundo.

O conhecer percorre caminhos novos a todos os instantes, novos territórios a serem explorados; e como todo "novo", o homem é perturbado por um mundo que é irregular e incerto - justo nós que evolutivamente, como animais, sempre quisemos certeza e segurança. Nietzsche disse que constituir a vida é a conhecer, que saber sobre si é possibilitar um engendramento melhor do porvir – com os olhos no exercício de si, como superação de si e exercício básico da vida.

O objetivo final das práticas de si não era preparar o indivíduo para outra realidade, mas de lhe permitir viver melhor na realidade deste mundo. Ou seja, elas são um processo de intensificação da subjetividade. A *askésis* está intrinsecamente ligada ao processo de subjetivação, constituindo-se como um motor modificador da subjetividade.

Também faz parte da subjetividade o que Marco Aurélio chama de refúgio em si (*eis heautón anakhroreìn*). Desejamos, muitas vezes, refúgios, viagens, fugas de nós mesmos, tudo isso pode indicar fraqueza, visto que nós sempre podemos nos retirar em nós mesmos, nosso lugar em um não lugar (*khôra*). É dicotômico esse refúgio em si. Porque quanto mais olhamos para nós mesmos, conhecendo nossas limitações, crenças, de onde surgiram as peculiaridades de nossa subjetividade, nós conseguimos alcançar um grau de liberdade em nossas condutas e pensamentos, inclusive no que diz respeito ao Outro.

Enquanto indivíduos, nós tendemos a crer que nossas percepções são representações verídicas do mundo. E, de fato, muitas vezes percebemos apenas aquilo que queremos perceber. Um artigo de 2019, "Neurocomputational mechanisms underlying motivated seeing", evidenciou que aquilo que buscamos, como uma recompensa, ou o que queremos ouvir – que também pode ser uma recompensa –, nos leva a considerações imprecisas do mundo. Isso torna cada vez mais importante o trabalho em si em prol de dirimir os problemas que o viés subjetivo pode causar. Problemas em nossas reações, em nossas relações com o mundo e com demais pessoas. Afinal de contas, o olhar enviesado sempre é um olhar perigoso, visto que ele ignora todos os demais - ainda que não possamos escapar 100% disso, cumpre a nós entender os mecanismos para sermos cada vez menos resultados do acaso e de vieses que sequer pensamos sobre.

Por isso a importância dos treinamentos de si, mais do que um exercício feito com intervalos, esses exercícios eram caracterizados por uma atitude constante de atenção e cuidado em relação a si próprio, seus pensamentos e suas condutas. Um estoico não era quem ensinava ou uma vez ou outra realizava condutas estoicas: para ser estoico era necessário viver como um.

O mais curioso é que as práticas de si sempre estiveram relacionadas com aquilo que se fazia, com a atuação na vida; não tinha nada a ver com descobrir um sentido oculto ou algo parecido com isso. E isso foi perdido durante a história, nós procuramos durante muito tempo saber o segredo e isso gerou uma série de devaneios: à medida que você deixa a existência diária de lado em prol de algo metafísico há uma perda na sua relação com o mundo.

As estéticas da existência são formas de reaproximação do indivíduo com o mundo que ele faz parte. São exercícios para a vida e elas, sem dúvida, quando são concretizadas transformam gerações. Porque o jovem precisa de uma inspiração para sair da ignorância. Eles precisam ter os olhos em exemplos que possam respeitar, entendendo quão incrível é o trabalho em si e o exercício de si. Tirar do nosso cotidiano a visão da vida como um deleite sem fim.

O sentido da vida está atrelado ao aperfeiçoamento de si: esse é o principal fator da mudança de si e dos outros. Quer mudar o mundo? Trabalhe em si mesmo. É preciso realizar a *educere*, diferente do termo *educat* que é um imperativo, *educere* é estender a mão para um novo mundo, fazer sair - os demais - da imersão na vida sem sentido. Os que permanecem atrelados ao conhecimento de si, aqueles que realizam e trabalham esse conhecimento, são os *hegemón* no mundo, os guias de todos os homens que buscam a mudança de si e dos demais. As práticas de si se vinculam de maneira indissociável à prática social; uma relação com si mesmo é uma relação com o Outro.

Esse escrito se trata de um resgate, visto que há muito se julga que a filosofia ocidental não ocupa uma posição interessante no que diz respeito às ciências e à própria arte. Nós erramos alguma coisa no caminho. E é preciso retornar ao ponto que acertamos, que influenciamos inúmeras gerações de pensadores que, ao olhar para a filosofia grega, tiveram epifanias que carregaram a humanidade.

Sempre tendo em mente que todos os livros, tratados, artigos, filosofias, teorias, não são escolas, são fragmentos de infinitos assuntos, atribuir um pensador a determinado território existencial é um erro, pois tal determinação parte de um eu, que constrói um sujeito - uma subjetividade - fragmentado, múltiplo, que só utiliza um método para interpretar: o próprio existir. Portanto, antes de recortar alguma exteriorização, é preciso conceber a ingenuidade dos recortes, pois os recortes são feitos com uma mesma lâmina - ou eu. É difícil conceber como as coisas são fluidas. O próprio artigo científico é um recorte, os pensamentos que advêm deles são consciências descontínuas, é preciso martelar demais para treinarmos em prol de determinado objetivo: foco, concentração, criação de hábitos etc. Os momentos de consciência, com determinados pensamentos, aparecem e desaparecem porque logo em seguida temos o próximo momento da vida, ficar com sede ou ter fome, por exemplo.

É provável que em algum momento das ciências cognitivas nós iremos nos deparar com o problema da representação do mundo. Esse momento pode ser quando encontrarmos uma resposta do que pode ser a consciência ou porque o ser humano, diferentemente de outros animais, tem maior consciência de si. Quando esse momento chegar, a filosofia vai estar disposta a dialogar mais uma vez, como fez com a física no problema do Observador, e repensar o mundo como representação: ou seja, será que o mundo é uma representação que nós tomamos a partir da cognição ou seria a cognição parte do próprio mundo que pretende representar? O resultado da interpretação do mundo, seu significado, parece se originar muito mais de dentro do que de algo externo que o possa interpretar e dizer categoricamente o que ele é ou não é. A cognição, a interpretação, o significado e aquilo que o mundo pode significar, é um sistema vivo que depende da organização desse sistema que não existe sem o olhar que o observa.

Em um recente trabalho, neurocientistas sugeriram pensar que as coisas que olhamos não estão fora e não estão dentro. Contrariando a visão objetivista e a subjetivista. Porque coisas como cores, por exemplo, são experienciais, dependem de coisas como subjetividade e genes; bem como pertencem ao mundo biológico e cultural compartilhado. O mundo e a pessoa que enxerga o mundo estão acoplados estruturalmente. Isso vai ao encontro do que Merleau-Ponty diz em sua Fenomenologia da percepção: emerge um eu, emerge um mundo. Não há mundo, não há eu, não há eu, não há mundo. Todo conhecer é o conhecer baseado na estrutura biológica de um organismo. Por isso que um conhecer jamais será igual a outro. Essa ilusão de que compartilhamos conhecimento é mais um encadeamento linguístico dado por afinidade ou consenso – como a ciência.

Nesse sentido, Richard Lewontin preleciona que o organismo e o ambiente não podem ser determinados separadamente. O ambiente não é algo externo do ser, porque é criação do ser. Não há como haver processo autônomo, é algo biológico. Não existe organismo sem que haja ambiente e não há ambiente sem organismo. Isso ratifica o que tratamos aqui da importância de moldarmos a nós mesmos para a evolução do ambiente. Porque não existe separação. Eu espero que, com esses escritos, o conteúdo que eu repasso de maneira mais leve em redes sociais consiga se tornar passível de entendimento. O mais interessante é como isso funciona; a vida de um indivíduo formado por inúmeras células e arranjos moleculares passa pelo funcionamento deles, de cada um deles, mas não é determinado pelas estruturas e sim pelo conjunto: há que se ter noção de que isso é essencial. Da mesma maneira, o aparato social é operado pelos inúmeros indivíduos que dele fazem parte, mas jamais será determinado pela propriedade de um destes indivíduos. Quando caminhamos na direção da melhora de si mesmo, melhoramos o aparato social porque um dos componentes dele acabou de melhorar, da mesma maneira acontece quando o aparato multifuncional, orgânico, que nos compõe, melhora seu funcionamento.

A sociedade é uma replicação do que ocorre em nosso corpo. **O corpo social é a reunião** de vários corpos multifacetados.

Todos esses insights ocorrem pela busca de um resgate; na própria tradição oriental *mahayana*, não há prática búdica, filosoficamente falando, sem prática cotidiana. E por que nós deixamos de vincular nossa filosofia à prática cotidiana? Por que deixamos de procurar quem somos nós? De cuidar de nós mesmos e de transformar nossa vida em algo que possa, no mundo, realizar uma diferença? Nietzsche já havia nos alertado que uma filosofia que não é criadora de modos de vida é vã. Por isso sua sugestão: é preciso voltar para os gregos. Enquanto humanos, nós só podemos conhecer o que nós fazemos. Nosso ser humano é uma contínua criação da própria vida.

Criação essa que é incerta. É da natureza dela ser incerta, porque as coisas só evoluem porque existe a incerteza, se tudo fosse devidamente ordenado não haveria espaço para o novo; e sem o novo, não haveria evolução. Existe, sim, a tentação da certeza. Procuramos viver em um mundo de certezas, em que nossas percepções são inabaláveis e que o simples questionamento deles já nos causa ojeriza.

Suspender as certezas é incorporar a experiência, efetivar o fenômeno da cognição; é para esse lado que as ciências estão no levando, pelo próprio paradigma da incerteza. A regra é o incerto. Agora, imaginem uma estrutura biológica como a nossa, em que somos perturbados a todo momento pelas estruturas externas, sem saber o que pode advir dessa perturbação. Esse é um cenário extremamente caótico e disso nós podemos controlar uma parcela mínima que são nossos hábitos diários, justamente para tentar adivinhar o resultado dessas perturbações; porque, afinal, nós sabemos na direção do que queremos ir, por isso que os atos que podemos controlar devem estar todos alinhados com essas expectativas.

Todavia isso não é tão simples, porque os próprios estados da atividade que ocorrem em nosso sistema - como a atividade neural - são originários dessas perturbações e a resposta a essas perturbações é puramente individual devido à subjetividade que a nós é inerente. As características do agente que perturba - mundo externo - são absolutamente secundárias na determinação de nossa resposta. Assim sendo, quanto mais nos preparamos, melhor é nossa resposta às perturbações - isso é fato. Todavia isso ainda exprime possibilidades, que dependem inteiramente de nosso subjetivo - tal como um jogo de dados de menor ou maior porcentagem em número X ou Y.

Até em coisas simples, tais como cores; não há separação de uma cor da maneira como nós as vemos. Imagine, então, que isso se estende a todas as percepções. O toque em determinadas coisas, as texturas que experimentamos, os sons que ouvimos; toda e qualquer percepção é uma perturbação que irá gerar uma resposta baseada no que somos enquanto indivíduos biológicos que detêm acoplamentos estruturais - subjetividades únicas. Enquanto seres, nós nascemos em determinado lugar, nossa separação com esse meio se dá por conta da nossa organização única que chamamos de corpo, mas a troca com o meio é inerente à experiência de estarmos vivos; pode-se distinguir duas estruturas, o ser vivo e o meio, aparentemente independentes, todavia elas são organicamente dependentes porque há um mútuo; um não pode existir sem o outro. O ser humano não é instruído, ele é perturbado. A evolução, nesse sentido, se apresenta como adaptabilidade.

Chegamos a determinado ponto que nos parece impossível compreender o fenômeno cognitivo se pensarmos o mundo como algo simplesmente externo dotado de informações oriundas de aparatos estranhos ao nosso ser. Do outro lado, podemos cair em uma armadilha de que tudo é permeado pelo caos e a objetividade sequer faz sentido. Por isso, há a necessidade de entender o entrelaçamento entre o caos e a ordem, como se andássemos sobre uma linha que nos puxa de um lado para outro. Caos e ordem são ambos necessários; em todo sistema incerto a ciência hoje nos mostra que existe uma auto-organização. À medida que a entropia de um sistema - ou do próprio universo - aumenta, nós vamos criando ilhas de organização nesse mar caótico. Circuitos neuronais, o balé dos pássaros, são exemplos de auto-organização em sistemas que o caos parece ser a regra. Nosso ser inteiro é como um sistema desses. O que é a rotina? Colocar organização em um sistema caótico. O corpo do ser humano gosta da rotina, porque é segurança, visto que ele é a todo momento perturbado pelo próprio mundo que o circunda.

Nosso próprio sistema nervoso opera por múltiplos ciclos internos de relações neurais (ex: neurônios motores, músculos, fibras sensoriais) que operam em transformações incessantes. Quando, por exemplo, esbarramos em algum objeto, nossa reação é modulada pelo choque com a superfície de nossa pele. Essa perturbação não é determinante - por mais que nós, enquanto observadores, tendemos a pensar assim. A resposta de nosso sistema é tão importante quando esbarrar no referido objeto.

A perturbação externa modula as oscilações que ocorrem para manter o equilíbrio interno. Nossa percepção nos faz crer que há sequencialidade, mas não há sequencialidade, há mutualidade. As nossas próprias experiências são oriundas de uma resposta de nosso sistema, e nossas condutas resultado de uma interpretação puramente subjetiva acerca disso. Compreender a incerteza que advém disso, essa instabilidade, é característica fundamental para melhorarmos nossa resposta enquanto seres dotados de consciência. Maturana e Varela trazem o exemplo da superfície sensorial, que não é feita somente de células receptoras, as que teoricamente poderiam ser apenas perturbadas pelo meio; eles exemplificam, então, utilizando as demais células que podem influenciar o estado da rede neural. Há células quimiorreceptoras que podem mudar conforme muda a concentração de algumas substâncias no sangue. Essas mesmas podem, dessa maneira, transformar a mudança de atividade de toda a rede neural, modificando assim em algum ponto a superfície de contato; ou seja, há um encadeamento.

Este é um livro para aqueles que visam à perfeição **sabendo que essa mesma perfeição nunca irá chegar.**

Perfeito, no latim, significa acabado, encerrado, concluído. Nós não somos perfeitos, porque nós mudamos a todo momento, todavia somos perfectíveis. Capazes de buscar a perfeição cientes de que nunca iremos encontrá-la.

Quando a subjetividade permite algo único, estamos diante da arte da própria vida. E por que isso importa tanto? Porque toda evolução, como a biológica, é uma reinvenção. O homem reflete, pensa, conhece, toma as rédeas de si, começa a ter ciência do ambiente que o circunda, percebe que é agente do ambiente; nesse agir sobre si mesmo e seu ambiente, o limite desse homem é reinventado. Na dureza consigo que esse limite é reinventado.

Para quem busca a excelência, é preciso amar a paz como preparação para novas guerras. E a paz breve é, para esses, melhor do que a paz longa. Porque sabem que longe da guerra o triunfo fica mais distante. A tranquilidade está quando estamos com nossas armas em mãos; sendo nossas armas os hábitos que nos levam à excelência. Cada dia é uma nova batalha; afastar-se das batalhas é afastar-se do objetivo.

É incrível pensar o mundo como um cenário para todas nossas experiências e que essas experiências não são separadas do que somos enquanto seres que vivem nesse mundo. Nossa cognição, nosso comportamento, nossa inteira estrutura que é perturbada pelo meio quando interagimos com qualquer coisa que possa existir: nada pode ser encontrado separadamente disso tudo. O que dizemos do mundo, o que fazemos nele é o que somos.

Para muitos pensadores, inclusive vários orientais, o autoconhecimento é o começo da sabedoria, porque é nele que podemos atuar de fato. Ao final de seu julgamento, Sócrates advertiu que de nada adianta tapar a boca de quem profere inverdades ou palavras más; isso não irá repreender a má vida, os maus exemplos. Ele prossegue dizendo que o certo é preparar-se para ser o melhor possível. É assim que se vence a guerra contra a mediocridade, contra o mal do mundo: na preparação do eu. Confúcio, pensador Chinês, dizia que, desde o supremo governante até o mais humilde dos homens, a base é fundamental para todos: o aperfeiçoamento de si mesmo.

E de fato, biologicamente não somos exclusivos? Cognitivamente, então, somos também, porque como já vimos, não há separação. Uma cultura que busca uniformidade, que nos faça enveredar dentro de verdades religiosas ou políticas, é um crime contra a natureza biológica do homem.

Somos partes desse todo, todavia somos partes diferentes. Seres limitados pelo nosso próprio organismo. Nós experienciamos a nós mesmos, procuramos sentir e pensar como se fôssemos separados desse *background* que é o mundo que se coloca em nossa frente enquanto vivemos. Isso é uma tremenda ilusão, que restringe o ser humano a algo muito menor que o próprio mundo. Nós somos o mundo. Não há nada além de nossas experiências. É óbvio que existe o universo, os planetas, as estrelas: mas nada disso importa se não houver vida, porque absolutamente todas as interpretações partem de um organismo, funcionam somente e tão somente em nosso plano de ação. Nós olhamos para uma árvore, procuramos entender a árvore, mas a árvore em si não é aquilo: nossa experiência que determinou o que é ser uma árvore e não ela.

Não há neste livro nenhum pingo de autoridade, não tenho nenhuma filosofia nova ou sistema novo de conhecimento. Não existe caminho para a verdade. Não existe caminho para a compreensão exata porque ela não existe. O homem é, ao mesmo tempo, seu instrutor e seu discípulo. É preciso ter noção dessa responsabilidade e parar de delegar ao mundo essas incumbências. A ciência comportamental nos oferece diversos direcionamentos que exprimem possibilidades e nada além de possibilidades. Enquanto você lê este livro, você é um leitor de si mesmo, Proust escreveu que o livro é como um instrumento óptico oferecido ao leitor para ver o que não seria capaz de ver sem esse instrumento. Essas palavras interpretadas por mim são, agora, sua interpretação.

Vivemos um eterno desdobramento do perto para o longe. Quanto mais compreendemos as coisas que estão perto, mais nos preparamos para enfrentar as que estão longe. Assim como a própria existência, a excelência não é ensinada, ela é vivida. Não se pode ensinar teoricamente o agir com excelência, porque não seria possível ensinar a caminhar por um caminho onde você não passaria. O que Nietzsche diz para quem deseja alcançar o além-do-homem? Que ninguém pode construir no lugar de outrem as pontes que cada indivíduo precisa atravessar; existe nesse mundo um caminho para cada um. E ainda reitera que existirão diversas fantasias que irão lhe prometer encontrar o que você deseja por caminhos antes percorridos, mas isso custaria sua alma.

E para isso é preciso estar disposto, porque você não pode ver o caminho até percorrê-lo. O caminho da própria vida é um caminho de coragem; pois ele significa viver na insegurança, porque diante de nós se coloca o desconhecido. A vida é, e sempre será, perigosa. Quem está disposto a viver viverá a incerteza enquanto essa vida durar – quem não enfrenta o perigo é porque já pereceu. Sempre estaremos com olhar fixo para o desconhecido. Viver é estar pronto para enfrentar os riscos.

Tanto o medíocre quanto o excelente irão morrer – e não há nada que possamos fazer diante desse fato. Existem alguns que enxergam o copo meio cheio e outros meio vazio. Nós, independentemente de quanta água exista nesse copo, queremos completá-lo sabendo que não iremos conseguir. Pouco importa se somos otimistas ou pessimistas: preferimos ser realistas.

A vida é essa eterna procura daquilo que não podemos encontrar, porque o encontro se dá na própria procura – não desistimos de buscar, porque a busca é a realidade última.

A existência na excelência é tomar as rédeas do que você pode controlar; é o lugar que devemos agir. A dominância do acaso ocorre na vontade que temos de agir com veemência contra aquilo que tenta limitar nossas condutas; esses comportamentos que determinamos no dia a dia - que irão dizer o que somos e o que podemos ser.

Dominar o acaso consiste em agir no mundo conforme o que estipulamos, dentro do que podemos controlar, que nos direciona em prol dos objetivos vislumbrados.

É preciso que a ação seja de acordo com aquilo que queremos e determinamos. Tomar as rédeas da vida é a ação que não é limitada pela falta de vontade ou pela procrastinação; é viver sem a interrupção que o conforto quer nos entregar sem esforço.

A paz da vida ocorre no desejo violento de que ela se torne aquilo que outrora designamos: *a paz da vida se inicia nessa constante guerra contra aquilo que somos hoje.* Sempre seremos vencedores dessa guerra *até nossa morte.*

Porém, depende dessa guerra que o mundo após nossa morte seja melhor ou pior porque, em algum momento da história, nós existimos e lutamos - *isso é legado.* Deixamos na vida nosso legado. E esse legado que vamos deixar é construído com a *mediocridade* ou a *excelência* com que são *executadas* as ações em nossas vidas.

A melhor *versão de nós mesmos* e o melhor dos mundos possíveis é, *e sempre será*, uma construção perene.

Aien Aristeioi